Eléments De La Grammaire Turke, A L'usage Des Élevès De L'école Royale Et Spéciale Des Langues Orientales Vivantes...

Amédée JAUBERT

ÉLÉMENTS

DE LA

GRAMMAIRE TURKE.

1374

Se trouve à PARIS, chez :

DONDEY-DUPRÉ, libraire de la Société asiatique, rue Richelieu, n° 47 *bis*.

THÉOPHILE-BARROIS fils, rue Richelieu, n° 14.

NEPVEU, passage des Panoramas.

A PARIS et à LONDRES, chez :

TREUTTEL ET WURTZ.

ÉLÉMENTS

DE LA

GRAMMAIRE TURKE,

A L'USAGE DES ÉLÈVES

DE L'ÉCOLE ROYALE ET SPÉCIALE

DES LANGUES ORIENTALES

VIVANTES,

PAR P. Amédée JAUBERT,

CHEVALIER DE LA LÉGION-D'HONNEUR ET DE L'AIGLE ROUGE DE PRUSSE, CONSEILLER-D'ÉTAT EN SERVICE EXTRAORDINAIRE, MEMBRE DE L'INSTITUT (ACADÉMIE ROYALE DES INSCRIPTIONS ET BELLES-LETTRES), ANCIEN SECRÉTAIRE-INTERPRÈTE DU ROI POUR LES LANGUES ORIENTALES, PROFESSEUR DE TURK PRÈS LA BIBLIOTHÈQUE DU ROI, CORRESPONDANT DE L'INSTITUT ROYAL DE HOLLANDE, ETC.

Deuxième Édition.

PARIS,

IMPRIMERIE DE FIRMIN DIDOT FRÈRES,
RUE JACOB, N° 24.

—

1833.

AVERTISSEMENT.

FACILITER l'étude d'une langue parlée depuis les bords de la mer Glaciale jusqu'à ceux de l'Adriatique, en exposant avec clarté les principales règles de la grammaire de cette langue; indiquer les motifs probables de ces règles, et éclaircir les préceptes par des exemples: tel est l'objet constant de nos efforts dans le cours des leçons que nous sommes appelé à donner en public depuis près de trente-trois ans; tel est aussi le but que nous nous proposons en mettant au jour cet ouvrage, trop élémentaire sans doute pour les savants, mais dont la jeunesse studieuse, et les personnes qui s'occupent de la littérature orientale sous des rapports purement philologiques, éprouvent depuis long-temps le besoin.

Les grammaires turkes les plus estimées sont celles de Meninski, d'Holdermann, de Comidas, de Viguier et de Berlin. La première, destinée à servir d'introduction au dictionnaire si connu sous le nom de *Thesaurus lin-*

guarum orientalium, contient les principes généraux de l'idiome mixte qu'on écrit et qu'on parle à Constantinople; mais on reproche avec raison au savant auteur de cet ouvrage, d'avoir voulu réunir, dans une seule et même grammaire, les rudiments de trois langues essentiellement différentes entre elles, tant sous le rapport des origines, que sous celui des tours de phrases, du génie et des constructions.

Cet inconvénient, assez généralement senti, détermina la publication de la grammaire attribuée à Holdermann, et imprimée à Constantinople en 1730, sans nom d'auteur. Quoiqu'elle ne fût qu'un abrégé de celle de Meninski, qu'on y remarquât de choquantes incorrections de style, et que, confiée à des ouvriers inhabiles, l'exécution typographique n'en fût guère recommandable, la simplicité de la méthode d'Holdermann en assura le succès; presque tous les exemplaires de cet ouvrage se répandirent dans les échelles du Levant, et il est devenu assez rare pour qu'on en désire généralement la réimpression.

Il n'en est pas de même des grammaires de Comidas et de Viguier : soit que, dans ces traités, estimables d'ailleurs, les principes élémentaires se trouvent développés avec trop d'étendue et de prolixité, soit que Comidas, et surtout Viguier, aient cru entrevoir dans le mécanisme de la langue turke des difficultés qui n'y existent pas, ou qu'ils se soient exagéré l'importance des anomalies existantes, il est certain que leurs grammaires sont d'autant moins lues, d'autant moins consultées que, dans l'une (celle de Viguier), on a presque totalement négligé l'emploi des caractères orientaux, tandis que dans l'autre (celle de Comidas) on a indiqué des règles de prononciation bonnes, tout au plus, pour des Espagnols ou pour des Italiens.

C'est ici le cas de dire un mot du système que nous avons cru devoir adopter pour la transcription des mots turks en caractères européens.

Notre première pensée avait été de rendre ces mots lettre pour lettre, afin de mettre le lecteur à portée de *les rétablir* aisément en caractères arabes; mais, indépendamment des embarras de tout genre que présentait un tel mode de transcription, un motif particulier nous a porté à l'éviter; et ce motif est que, loin d'être fondée sur des règles exactes et précises, l'orthographe turke elle-même n'est point encore suffisamment fixée, et que, parmi les Ottomans les plus instruits, les uns écrivent les mots tartares comme on les prononce, tandis que les autres conservent une orthographe qui se rapproche de celle des anciens ouvrages turks écrits en caractères arabes ou en caractères ouïgours. Nous disons *les mots tartares* ; car, pour ceux dont l'origine est évidemment arabe ou persane, tous les écrivains orientaux sont d'accord ; ils les orthographient d'une manière identique, et, sous ce rapport du moins, aucune incertitude ne peut avoir lieu.

Cette difficulté de représenter la prononciation des mots, ce défaut de fixité dans l'orthographe, ont été pour nous l'objet d'un travail dont l'utilité seule pouvait compenser l'ennui : ayant à choisir entre la prononciation du turk de Constantinople et de la Grèce, dont la douceur tend à s'accroître de jour en jour, et la prononciation du turk de l'Asie mineure, de la Tartarie et de la Perse, qui n'a rien perdu de ses sons gutturaux et de son âpreté primitive, nous avons cru devoir prendre un terme moyen, et nous avons tâché de représenter ces articulations de telle sorte, qu'un lecteur français pût prononcer d'une manière passablement intelligible, non-seulement dans la Turquie proprement dite, mais encore dans l'Asie septentrionale, et, pour ainsi dire, jusque sur les bords de la Léna.

Persuadé que si l'amour-propre d'auteur est nuisible aux progrès des arts et des sciences, c'est surtout quand il s'agit d'ouvrages élémentaires, nous n'avons pas craint de mettre à contribution les grammairiens qui viennent d'être cités, et nous n'hésitons pas à reconnaître publiquement ce que nous devons surtout à Meninski, à Viguier et à notre confrère M. Bianchi.

La première édition de notre grammaire étant épuisée, et, tout imparfaite qu'elle puisse être, étant recherchée même à Constantinople, où des Turks instruits en font usage pour s'initier dans la connaissance de la langue française, nous n'avons pas cru pouvoir différer plus long-temps la publication de cette seconde édition, dans laquelle on trouvera divers extraits de la grammaire de feu David, qui a été récemment publiée à Londres, un vocabulaire et des dialogues. Ces additions nous ont paru de nature à donner à notre travail le caractère d'utilité positive que le public est en droit d'attendre de toutes les personnes qui, par état, sont obligées de lui consacrer leurs veilles, les fruits de leurs voyages et les résultats de leurs travaux.

INTRODUCTION.

La langue turke est un dialecte du tartare, apporté par les Ottomans à Constantinople, en 1453. Avant et depuis cette époque, elle s'est accrue d'un grand nombre d'expressions tirées de l'arabe et du persan, que la religion musulmane, les besoins du commerce et les guerres fréquentes des Turks en Asie y ont introduites; mais à la différence de ce qui se passa d'analogue dans nos idiomes européens, lorsqu'ils s'enrichirent, en se les appropriant, de cette foule d'expressions grecques et latines qu'on y retrouve à chaque instant avec des modifications plus ou moins grandes, la langue turke a reçu, sans les dénaturer, tous les mots étrangers destinés à représenter des idées nouvelles.

Par une conséquence naturelle des causes qui la produisirent, cette heureuse altération du langage national est plus sensible parmi les personnes lettrées que chez le bas peuple, et plus dans l'écriture que dans le discours; d'où il suit que, pour parler et surtout pour écrire correctement le turk, il est à peu près indispensable d'avoir d'abord pris quelque teinture du persan, et particulièrement de l'arabe. En effet, c'est des Arabes que les Turks ont emprunté leurs caractères d'écriture, leur système de numération, tous les mots qui expriment des idées abstraites, morales ou religieuses, et tous ceux qui sont relatifs aux sciences, aux lettres et aux arts; nomenclature très-étendue.

Considérée en elle-même, et d'après l'origine septentrionale des peuples nomades qui la parlèrent les premiers, il est certain que cette langue n'a dans son génie, ses constructions et le tour de ses phrases, pas plus de rapport avec les deux autres, que l'allemand n'en a, par exemple, avec le français : mais il convient de dire que si la langue turke écrite est à quelques égards inférieure à celle de Mohammed, à laquelle elle doit la plupart des expressions qui la relèvent et l'ennoblissent, la langue turke parlée égale et surpasse peut-être le persan sous le rapport du nombre, de l'harmonie et de l'élégance, et qu'elle est l'une des plus belles et sans contredit la plus majestueuse de toutes celles de l'Orient.

Il faut néanmoins l'avouer, soit que le peu de temps qui s'est écoulé depuis le perfectionnement de cette langue jusqu'à nos jours n'ait pas permis qu'elle prît un

caractère classique, soit que les mœurs et les habitudes
des Turks les aient portés à dédaigner toute espèce d'é-
tude autre que celle de leur religion, tout genre de
gloire autre que celui des armes, ils comptent à peine
quelques écrivains distingués ; ils n'ont aucun poëte
comparable (sinon en mérite, du moins en célébrité) à
Ferdoussy, à Saady, à Hafez; aucun philosophe à mettre à
côté d'Averroës et d'Avicenne; ils ne peuvent se vanter
d'aucune découverte ni même d'aucune observation un
peu importante dans les sciences exactes ; et leur littérature ne se compose que d'un assez grand nombre
d'ouvrages de théologie, d'histoire ottomane, de géo-
graphie, de médecine, et de quelques romans en prose
ou en vers, traduits ou imités, en grande partie, du persan.

Mais si la langue turke est à peine susceptible d'in-
téresser les philologues et les savants qui s'occupent de
l'histoire des temps modernes, elle offre, sous d'autres rapports, des avantages très-précieux, puisqu'elle est la seule
langue diplomatique usitée dans le Levant; la seule écrite
et parlée dans les parties les plus reculées de l'empire,
par les personnes revêtues d'un caractère public; la plus
utile aux personnes qui naviguent dans la mer Égée, la
Propontide et l'Euxin; à celles qui, dans le but d'assurer
le succès de spéculations commerciales, ou de préparer

de nouveaux progrès à nos armes, à notre industrie, voyagent dans toute la Turquie, soit européenne, soit asiatique, dans les provinces occidentales de la Perse, sur les bords de la mer Caspienne, et même à la cour de Téhéran, où le roi, les ministres et les agents du gouvernement de Perse ne parlent guère que le turk : enfin, et ceci n'est point une exagération orientale, il n'est pas douteux qu'avec le secours de cette langue, on peut se faire entendre depuis Alger jusqu'au Candahar, presque sur les frontières de l'Inde.

Il serait absurde de supposer qu'une langue répandue sur un aussi grand espace n'éprouvât pas, selon la diversité des lieux, de nombreuses variations d'idiomes ; aussi le turk qu'on parle dans la Romélie, par exemple, diffère beaucoup de celui de la Natolie, et surtout du turk parlé dans les pays qu'arrose l'Halys, dans ceux que traverse l'Araxe, et dans les lieux où l'Euphrate et le Tigre prennent leur source : néanmoins, nous pouvons affirmer, d'après notre propre expérience, que cette différence n'est pas comparable à celle qui existe entre les dialectes du français dans quelques-unes de nos provinces. Il faut observer, d'ailleurs, qu'en Turquie, comme partout où des conquérants peu éclairés ont porté leurs mœurs et leurs lois, la langue primitive des habitants ne

·s'est point perdue. Ainsi le peuple parle l'arabe à Alger, à Tunis, en Égypte et en Syrie; divers dialectes du slave en Bosnie, en Illyrie, en Servie, en Bulgarie; le valaque au-delà du Danube; le grec en Morée, dans l'Archipel, à Constantinople et à Smyrne; enfin l'arménien et le kurde en Asie : et néanmoins dans toutes ces contrées, on ne rencontre pas un homme tant soit peu instruit, qui n'entende et ne parle le Turk. Mais c'est à Constantinople, centre des affaires de ce vaste empire, et surtout parmi les personnes de la cour et les dames turkes de cette capitale, qu'il faut chercher la pureté, la douceur et l'élégance du langage.

ÉLÉMENTS

DE LA

GRAMMAIRE TURKE.

PREMIÈRE PARTIE.

CHAPITRE PREMIER.

DE L'ALPHABET.

1. Les Turks se servent des caractères arabes, écrivent, par conséquent, de droite à gauche, et terminent leurs livres là où nous commençons les nôtres.

2. Ces caractères sont au nombre de dix-sept primitifs, qui, à l'aide d'un, de deux ou de trois points placés en dessus ou en dessous, forment les trente trois lettres dont se compose l'alphabet turk.

3. Sur ces trente-trois lettres, il en est vingt-une qui sont communes aux langues arabe, turke et persane; six qui sont d'origine purement arabe et qui ne peuvent se rencontrer que dans des mots tirés de l'arabe; une persane pure; une qui se rencontre indifféremment dans des mots d'origine turke ou persane; une

c

arabe et persane, et une enfin qui est absolument turke et destinée à exprimer un son propre à cette dernière langue.

4. Voici les dix-sept caractères primitifs :

ALPHABET TURK.

ORDRE des LETTRES.	LETTRES arméniennes correspondantes.	NOMS des LETTRES.	ORIGINE des LETTRES.	FIGURES DES LETTRES.				VALEUR des LETTRES.	VALEUR numérique.
				isolées.	liées à la lettre précéd. seulement.	liées à la lettre précéd. et à la suiv.	liées à la suiv. seulement.		
1	ա	الف Élif.	Commune aux trois langues.	ا	ل	....	....	......	1
2	պ	بآء Ba.	Idem.	ب	ب	ﺒ	ﺑ	B	2
3	փ	پا Pa.	Persane et turke.	پ	پ	ﭙ	ﭘ	P	....
4	թ	تآ Ta.	Commune aux trois langues.	ت	ت	ﺘ	ﺗ	T doux.	400
5	ս	ثآء Sa.	Arabe.	ث	ث	ﺜ	ﺛ	S	500
6	ճ	جيم Djim.	Commune aux trois langues.	ج	ج	ﺠ	ﺟ	Dj	3
7	ճ	چين Tchin.	Persane et turke.	چ	چ	ﭽ	ﭼ	Tch	....
8	հ	حآء Ha.	Arabe.	ح	ح	ﺤ	ﺣ	H dur.	8
9	խ	خآء Kha.	Arabe et persane.	خ	خ	ﺨ	ﺧ	Kh	600
10	դ et տ	دال Dal.	Commune aux trois langues.	د	د	....	....	D	4
11	զ	ذال Zal.	Arabe.	ذ	ذ	....	....	Z	700
12	ռ et ր	رآء Ra.	Commune aux trois langues.	ر	ر	....	....	R	200
13	զ	زآء Za.	Idem.	ز	ز	....	....	Z	7
14	ժ	زا Ja.	Persane.	ژ	ژ	....	....	J	....
15	ս	سين Sin.	Commune aux trois langues.	س	س	ﺴ	ﺳ	S, Ç	60
16	շ	شين Chin.	Idem.	ش	ش	ﺸ	ﺷ	Ch	300

f m i

ORDRE DES LETTRES.	LETTRES arméniennes correspondantes.	NOMS des LETTRES.	ORIGINE des LETTRES.	FIGURES DES LETTRES.				VALEUR des LETTRES.	VALEUR NUMÉRIQUE.
				isolées.	liées à la lettre précéd. seulement.	liées à la lettre précéd. et à la suiv.	liées à la suiv. seulement.		
17	ս	صاد Sad.	Commune aux trois langues.	ص	ص	ـصـ	صـ	SS, Ç	90
18	զ	ضاد Zad.	Arabe.	ض	ض	ـضـ	ضـ	Z	800
19	թ	طآء Ta.	Commune aux trois langues.	ط	ط	ـطـ	ط	T dur.	9
20	զ	ظآء Za.	Arabe.	ظ	ظ	ـظـ	ظ	Z	900
21	......	عين Aïn.	Idem.	ع	ع	ـعـ	عـ	....	70
22	ղ	غين Ghaïn.	Commune aux trois langues.	غ	غ	ـغـ	غـ	Gh dur.	1000
23	ֆ	فآء Fa.	Idem.	ف	ـف	ـفـ	فـ	F	80
24	ք խ et ⱔ	قآف Qaf.	Idem.	ق	ـق	ـقـ	قـ	Q	100
25	ք	كاف Kief.	Idem.	ك	ـك	كـ	كـ	Ki	2
26	կ	گاف Ghief.	Persane et turke.	ك	ـك	گـ	گـ	Ghi doux.	...
27	ս	صاغر نون Sâghir-noun.	Turke.	ك	ـك	گـ	گـ	Ñ	...
28	լ	لام Lam.	Commune aux trois langues.	ل	ـل	ـلـ	لـ	L	...
29	մ	ميم Mim.	Idem.	م	ـم	ـمـ	مـ	M	...
30	ն	نون Noun.	Idem.	ن	ـن	ـنـ	نـ	N	...
31	ւ	واو Waw.	Idem.	و	ـو	.....	.....	W, V	
32	հ	هآء Hé.	Idem.	ه	ـه	ـهـ	هـ	H doux.	
33	յ	يآء Ya.	Idem.	ى	ـى	ـيـ	يـ	I, Ï, Y	

5. Cet alphabet est, comme on voit, divisé en dix colonnes : la première contient l'indication de l'ordre des lettres ; la deuxième, un alphabet arménien dont l'utilité sera particulièrement appréciée par les personnes qui voudront correspondre en turk avec les Arméniens, nation dont les relations commerciales s'étendent sur toute la surface de l'Asie ; la troisième colonne contient les noms des lettres ; la quatrième, leur origine ; exposée ainsi qu'il vient d'être dit plus haut (n° 3) ; la cinquième, la sixième, la septième et la huitième présentent les différentes formes sous lesquelles la même lettre peut s'offrir aux yeux du lecteur : ces formes ne sont pas tellement variées qu'il ne soit facile d'y reconnaître le caractère primitif. Le lecteur fera donc bien de porter d'abord toute son attention sur la cinquième colonne, qui présente les lettres isolées, puis de se familiariser avec les trois autres, qui offrent, 1° la lettre unie avec celle qui la précède, 2° unie avec celle qui la précède et celle qui la suit ; 3° enfin unie seulement avec celle qui la suit. L' ا élif, le د dal, le ر ra, les lettres qui ne diffèrent de ces deux dernières que par les points, et le و waw, ne sont pas susceptibles de se joindre à celles qui les suivent ; la neuvième colonne présente la valeur de chaque lettre ; la dixième, le nombre qu'elle représente lorsqu'elle est employée comme chiffre, ce qui n'a lieu que rarement.

6. Les Turks, en adoptant les caractères arabes, et en appropriant à leur usage quelques-uns de ces caractères pour rendre certains sons particuliers à leur langue, n'ont conservé ni les fortes aspirations, ni les articulations singulières (telles que celles du ع aïn et du خ kha), qui donnent tant de rudesse et d'âpreté à la prononciation des Arabes. Celle des Turks est, en général,

douce, grave et harmonieuse, surtout dans le voisinage de la Grèce et dans les villes. Ils évitent avec le plus grand soin les hiatus et toute espèce de dissonances; en sorte que l'étranger qui veut apprendre à parler leur langue, doit, dans le doute sur la prononciation d'une lettre, préférer l'inflexion de voix la moins dure et la plus agréable à l'oreille.

CHAPITRE II.

DE LA VALEUR DES LETTRES.

7. L'ÉLIF ‏ا‎ n'a point en turk de valeur qui lui soit propre : il est destiné à indiquer la présence d'une voyelle, à peu près comme notre *h* dans les mots *homme*, *heureux*, ou à former diverses diphthongues, lorsqu'il est suivi d'une des lettres ‏و‎ *waw* et ‏ى‎ *ya*. Ces diphthongues sont :

1° ‏او‎ qu'on prononce *O*, comme dans ‏اولمق‎ *olmaq*, être; *U*, comme dans ‏اوزم‎ *uzum*, raisin; *EV*, comme dans ‏او‎ *ev*, maison; 2° ‏اى‎ *I*, dans ‏ايران‎ *Irân*, la Perse; *Aï* dans ‏اى‎ *aï*, lune, mois; *EI*, dans ‏ايو‎ *eïu*, bon. L'étude de la langue et l'usage peuvent seuls apprendre les diverses prononciations de ces diphthongues.

8. Le ‏ب‎, pris isolément, se prononce *B*; mais à la fin des mots, et quelquefois avant ou après une des lettres suivantes, il se prononce *P*. Ces lettres sont : ‏ت ث ج خ س ش ص ط ف ق ك‎; ex. ‏ابتداء‎ *iptidâ*, au lieu de *ibtidâ*, commencement; ‏شبپره‎ *chepperèh*, au lieu de *chebperèh*, chauve-souris, etc. Ce changement a souvent lieu dans l'écriture comme dans le discours; ex. ‏اولوپ‎ *oloup*, au lieu de ‏اولوب‎ *oloub*, ayant été.

9. Le ‏پ‎ répond à notre *P*; ex. ‏پاشا‎ *pâcha*, pacha.

10. Le ت se prononce *T*; ex. تمام *temâm*, entièrement. Il se change quelquefois en د dans la déclinaison des noms (*voyez* le Paradigme), et dans la dérivation comme dans la conjugaison des verbes. Ex. كتمك *ghitmek*, aller; كدلمك *ghidilmek* et non كتلمك *ghitilmek*, s'en aller; ايتمك *itmek*, faire; ايدەلم *edelum*, et non ايتدلم *etelum*, faisons, etc.

11. Le ث se prononce *S*; ex انواب *asvâb*, habillements.

12. Le ج correspond au *Gi* italien, tel qu'on le prononce dans *giardino*, *gioja*; ex. جكر *djeghier*, foie. Il se change en چ après les lettres ci-dessus mentionnées (n° 8); ex. تفنكچى *tufenktchi* et non تفنكجى *tufenkdji*, fusiller.

13. Le چ équivaut au *Ci* des Italiens dans les mots *ciarlare*, *cecità*; ex. چلبى *tchelebi*, petit-maître.

14. Le ح indique une aspiration égale à celle de notre *h* dans le mot *hardi*; ex. حافظ *Hâfiz*, nom d'un poète célèbre.

15. Le خ s'aspire un peu plus fortement que le ح; le son de cette lettre ne peut être comparé, dans nos langues européennes, qu'à celui du *xota* espagnol et du *ch* allemand, mais en adoucissant beaucoup l'aspiration; ex. خوش *khôch*, qu'on prononce souvent *hôch*, bon, beau.

16. Le د se prononce *D*; ex. دوه *devèh*, chameau; mais à la fin des mots et après une des lettres mentionnées plus haut (n° 8), on appuie un peu sur la prononciation de cette lettre, qui devient alors *T*; ex. كاغد *kiâghit* et non *kiâghid*, papier; كتدى *ghitti* et non *ghitdi*, il alla.

17. Le ذ se prononce *Z*, comme le ز, le ض et le ظ; ex. ذلك *zalika*, cela; et c'est ici le lieu de faire remarquer de nouveau (n° 3) que cet emploi de plusieurs lettres pour représenter une

seule et même articulation, provient de la différence des origines. En effet, dans la langue arabe, ces quatre lettres ne se prononcent pas exactement de la même manière. Au Caire, le ذ se prononce *dz*; en Syrie ض et le ظ répondent au *dh* plus fortement articulé que le *d* français, ou avec une sorte d'articulation emphatique; à Constantinople, nous le répétons, cette différence de prononciation est totalement inconnue.

18. Le ر revient à notre *R*; ex. ویرمك *virmek*, donner.

19. Le ز se prononce comme notre *Z* français dans le mot *zèle*; ex. زنكین *zenghîn*, riche; زلف *zulf*, boucle de cheveux.

20. Le ژ équivaut à notre *J*, auquel il ressemble même par sa forme; ex. ژیوه *jiveh*, mercure (substance minérale).

21. Le س est notre *S*; ex. سومك *sevmek*, aimer; سوس اولمق *sous olmaq*, se taire.

22. Le ش représente l'articulation *CH* dans le mot français *cheval*; ex. شهر *chehr*, ville; طاش *tâch*, pierre.

23. Le ص diffère peu du س sous le rapport de la prononciation; cependant cette lettre représente une articulation en quelque sorte emphatique, ainsi que l'a remarqué M. de Sacy (*Gram. ar.*, page 20); ex. صورمق *sôrmaq*, demander; صواب *savâb*, bonnes œuvres.

24. Le ض est égal au ز (n° 17); ex. ضیافت *ziâfet*, hospitalité; راضی *râzi*, consentant.

25. Le ط se prononce *T*, comme le ت; ex. طوپ *top*, canon; طوتمق *toutmaq*, tenir. De même que cette dernière lettre, il se change souvent en د, et ce changement a lieu dans l'écriture comme dans le discours; ex. طاغ ou داغ طورمق ou دورمق *dourmaq*, rester; *dâgh*, montagne. Néanmoins, dans les mots d'origine arabe, le ط

conserve sa prononciation emphatique; ex. طرف *taraf*, côté; طول *toul*, longueur.

26. La prononciation du ظ est, ainsi qu'il vient d'être dit (n° 17), la même en turk que celle du ذ, du ز et du ض; ex. ظاهر *zâhir*, apparent, apparemment.

27. Le ع est une lettre d'origine arabe (1), dont la prononciation en turk est à peine sensible; elle ne produit souvent d'autre effet que la réduplication de la voyelle qu'elle supporte; ex. معلوم *ma'aloum*, connu; مطبوع *matbou'ou*, imprimé; اعلام *i'ilâm*, notification. La présence de cette lettre sera indiquée, dans cet ouvrage, par une apostrophe.

28. Le غ se prononce un peu moins fortement que l'*r* grasseyé des Provençaux : nous le représenterons par le *GH* emphatique; ex. اغا *agha*, seigneur; باغلمق *bâghlamaq*, lier. La prononciation de cette lettre a beaucoup d'analogie avec celle du ق dont il va être question ci-après (n° 30).

29. Le ف répond exactement à notre *F*; ex. فرمان *fermân*, ordre, édit; افندى *efendi*, docteur, maître, seigneur (2).

30. Le ق indique une articulation à peu près semblable à celle de notre *Q* (3); ex. باقمق *bâqmaq*, regarder; قورقمق *qorqmaq*, craindre. Cette lettre se change souvent en غ par eupho-

_____

(1) Nous ne connaissons que très-peu de mots d'origine persane où l'emploi du ع ait lieu comme radical.

(2) Le premier de ces deux mots est persan; le second est dérivé du grec Αὐθέντης.

(3) Quelque répugnance que nous éprouvions à employer cette lettre dépourvue de l'*u* qui la suit presque toujours, nous pensons que, jusqu'au moment où une orthographe quelconque aura été généralement adoptée pour les mots orientaux, on peut s'en tenir à la désignation la plus simple.

nie, dans les cas indiqués ci-dessus (n° 10); ex. پرمق *parmaq*, doigt; پرمغكث gen. *parmaghuñ*, du doigt; ce changement a lieu dans l'écriture comme dans le discours.

31. Le ك répond à notre *K*, le plus souvent suivi d'un *i*; ex. كتاب *kitâb*, livre, كيمر *kieumur*, charbon; ملوكانه *mulukiâneh*, royal.

32. Le ك n'exprime, ainsi que l'identité de sa forme avec celle de la précédente lettre l'indique (1), qu'un adoucissement du ك; on le prononce *GH*, et le plus souvent *GHI*; ex. كلپكث *ghelmek*, venir; سودكم *sevdughium*, ce que j'aime.

33. Le ك, que les Turks appellent صاغر نون *sâghir-noun*, noun sourd, représente un son nasal propre à la langue turke, et qu'on peut comparer à notre *gn* dans le mot *Charlemagne*; cette nunnation est particulièrement sensible au milieu et à la fin des mots, où elle indique souvent le génitif d'un nom ou le pronom personnel de la seconde personne du singulier. Nous ne connaissons pas d'exemples de mots turks commençant par cette lettre que nous rendrons par Ñ; ex. دكـز *deñiz*, la mer; باباكث *bâbañ*, ton père.

34. Le ل, le م et le ن sont parfaitement représentés par nos lettres *L*, *M*, *N*; ex. لر *ler* (signe du pluriel); مرجمكك *merdjemek*, lentille; نه *neh*, quoi? lequel?

35. La prononciation du و est égale à celle du *V* ou du *W* prononcé à la manière des Anglais; néanmoins il n'est pas rare de l'entendre articuler comme un *O*. Le mot قورقو *qorqou*, crainte, présente un exemple de cette double prononciation.

---

(1) Les trois points du *ghef* et du *saghir-noun* sont souvent omis dans l'écriture courante, et même dans la plupart des pièces diplomatiques et des manuscrits.

36. Le ه est un *H* doucement aspiré; ex. هايون *humdïoun*, fortuné, auguste; هنر *huner*, talent, mérite (1) : cette aspiration est à peine sensible à la fin des mots.

37. Nous représenterons le ى par l'*I* simple toutes les fois qu'il sera bref, soit au milieu, soit à la fin des mots; par l'*I* circonflexe, lorsque l'articulation de cette lettre pourrait se confondre avec celle de la précédente ou de la suivante; et par l'*I* tréma, toutes les fois que le ى devra être articulé isolément. Ex. قيش *qich*, hiver; يل *il*, pays; يمك *ïemek*, manger; سراى *seraï*, palais (2).

38. Le لا *lam-élif* n'est point une lettre, mais la réunion du ل et de l'ا; il ne trouve place dans nos observations que parce que la forme de cette réunion peut quelquefois être assez difficile à reconnaître dans l'écriture : on le prononce ordinairement *LA* dans les mots d'origine turke.

39. La valeur numérique des lettres employées comme chiffre, tient à l'ancienne disposition de l'alphabet arabe. Les Turks appellent cette ancienne disposition ابجد *ebdjed* : elle est représentée par les huit mots suivants, qui sont fictifs et n'ont aucune espèce de signification :

ابجد هوز حطى كلمن سعفص قرشت ثخذ ضظغ

On se sert quelquefois de ces lettres pour exprimer des nombres,

----

(1) Il est très-vrai, comme le dit Montesquieu (liv. III chap. 8), qu'on n'a point, dans les états despotiques, de mot pour exprimer ce que nous entendons par *honneur*; néanmoins il est assez remarquable que ce mot soit lui-même dérivé du persan.

(2) Nous suivrons, par analogie, la même règle pour représenter la prononciation de l'*élif* ا et du *waw* و.

comme nous nous servons des majuscules romaines. Les lettres turkes ou persanes, ajoutées à l'alphabet arabe, n'ont point de valeur numérique.

CHAPITRE III.

DES VOYELLES ET AUTRES SIGNES QUI RÈGLENT LA PRONONCIATION.

40. Les Turks n'ont que trois voyelles, qu'ils nomment اوستن *ustun*, اسره *esrèh*, اوترو *uturu*.

La première, indiquée par un trait horizontal placé *au-dessus* de la lettre, se prononce *A* ou *E*. Ex. أنا *ana*, mère; أو *ev*, maison.

La deuxième, indiquée par le même trait placé *au-dessous* de la lettre, se prononce *I*. Ex. استمك *istemek*, vouloir.

La troisième, représentée par le signe *-* placé *au-dessus* de la lettre, se prononce *U*. Ex. بتون *butun*, tout, la totalité.

41. Notre voyelle *O* est très-souvent représentée en turk par le و *waw* isolé (n° 35), ou par l' ا *élif* surmonté d'un *-* *uturu* et suivi d'un و *waw*. Ex, أو *o*, lui.

42. On rencontre souvent, dans les formules arabes, cette espèce de signe auquel les grammairiens orientaux donnent le nom تنوين *tenwin*, et dont l'objet est d'indiquer qu'une voyelle doit être prononcée comme si elle était suivie d'un ن. Ce signe se forme par le redoublement de la voyelle. Ex. بنآء على ذالك *binden a'la zulika*. Nous nous dispenserons de donner la table de la prononciation de chaque lettre affectée de sa voyelle; le lecteur studieux suppléera facilement à cette omission : la règle ci-dessus posée (n° 40) est générale et sans exception.

43. Les Turks ont emprunté des Arabes quatre signes pour régler la prononciation des mots.

Le premier est le جَزْم *djzema*, qu'on figure ainsi ʾ, et dont l'objet est d'indiquer que la consonne qui le porte n'est affectée d'aucune voyelle. Ex. اَرْ *er*, homme (*vir*), ايتمك *itmek*, faire.

Le deuxième est le تَشديد *techdid* (˜), qui marque la réduplication de la lettre. Ex. يا راتى *ia rabbi*, ô mon Dieu!

Le troisième est le هَمزَ *hemzè* (٠), qui communique à l'*élif* une prononciation assez semblable à celle du *ain*, et qui remplace quelquefois la première de ces lettres. Ex. سوأل *su'âl*, demande; دأب *da'b*, coutume. Ce signe placé au-dessus d'un *esrèh* sert quelquefois à suppléer le ى, signe caractéristique de l'accusatif (47), et à indiquer l'annexion grammaticale connue sous le nom de اضافت لفظية *izâfet lafzièh*, dont il sera question ci-après.

Le quatrième signe est le مَدّ *medda* (˜), qui sert à alonger la prononciation de l'*élif*: on peut le comparer à notre accent circonflexe. Ex. آلاى *âlai*, troupe; آشجى *âchdji*, cuisinier; آخور *âkhôr*, écurie.

44. Les signes caractéristiques des voyelles, et ceux qui ont pour objet de régler la prononciation des mots, sont omis dans la plupart des manuscrits turks.

CHAPITRE IV.

DE L'ARTICLE ET DU NOM.

45. Les Turks n'ont aucun article déterminatif ou défini correspondant à *le*, *la*, *les*; ils ne connaissent que l'article indéfini بر *bir*, un ou une. Ils n'ont qu'un genre, tant pour les noms substantifs que pour les adjectifs; ainsi ils disent كوزل اَر *ghuzel er*, bel homme; كوزل عورت *ghuzel a'vret*, belle femme; كوزل اُ *ghuzel*

ev, belle maison : pour préciser les distinctions des sexes, ils ont recours à des noms déterminatifs, tels que اوغل *oghl*, fils, قز *qiz*, fille, quand il s'agit d'êtres doués de raison ; اركك *erkek*, mâle, دشى *dichi*, femelle, quand il est question des animaux.

46. Ils n'ont que deux nombres, le singulier et le pluriel. Même dans les mots empruntés de l'arabe, ils ne font aucun usage du duel, si ce n'est dans quelques formules d'usage, telles que حرمين *haremeïn*, *cherïfeïn*, les deux villes saintes et nobles (1); سفيران مومى اليهما *sefirân mouma ileïhouma*, les deux envoyés susdits.

Le pluriel se forme du singulier, par la simple addition de la particule لر qu'on prononce *ler* ou *lar*. Ex. بكلر *beghler*, les princes; قزلر *qizlar*, les filles.

Cette particule s'ajoute, soit aux mots qui sont d'origine turke, soit à ceux que les Turks ont tirés de l'arabe ou du persan; néanmoins il n'est pas rare d'entendre les personnes lettrées faire usage des pluriels arabes ou persans.

47. Les Turks ont six cas qui sont :

Le nominatif,	المبتدا	le terme par lequel on *commence*.
Le génitif,	الاضافة	le terme qui indique *l'annexion*.
Le datif,	المفعول لاجله	le terme à *cause duquel* l'action a lieu.

---

(1) Jérusalem et la Mekke.

L'accusatif,	المفعول به	le terme qui exprime le *complément objectif* de l'action.
Le vocatif,	المندى	le terme par lequel *on* appelle.
L'ablatif,	المفعول معه	le terme *avec lequel* l'action a lieu (1).

Ces cas se forment de la manière suivante; savoir :

Le génitif, par l'addition au nominatif de la lettre كث qu'on prononce *ñ*.

Le datif, par l'addition de la lettre ه qu'on prononce *hé* ou *ha* (2).

L'accusatif, par celle de la lettre ى ou du signe ء qu'on prononce *i* (43).

Le vocatif, en faisant précéder le nominatif par une des interjections suivantes : يا *id,* أى *ai,* بهى *behéi,* برا *bréh,* ه.

L'ablatif, par l'addition au nominatif de la particule دن, qu'on prononce *ten* après les lettres ت ث ج خ س ش ص ط ق كث, et *den* après toutes les autres (nº 8).

48. Les terminaisons de ces cas sont au pluriel les mêmes qu'au singulier.

49. Les grammairiens sont dans l'usage de reconnaître dans la

---

(1) Cette définition de l'ablatif, par les grammairiens turks, nous paraît manquer de justesse, puisque la conjonction *avec* exige ordinairement l'emploi du génitif, en turk, et de l'accusatif en arabe. (M. de Sacy, *Grammaire arabe,* tom. II, pag. 96.)

(2) En turk oriental, le datif se forme par l'addition de la particule كا *ghia,* ou غه *gha :* ex. اوزكا *ouz ghia,* à lui-même; اوروشغه *orouchgha,* au combat.

langue turke l'existence de deux déclinaisons : la première comprenant tous les mots qui se terminent par une consonne; la deuxième, ceux qui se terminent par une des lettres ى ﻩ و ﺍ considérées comme voyelles. La simple énonciation de cette règle donne lieu de soupçonner que la différence établie entre la première et la deuxième déclinaison est plus apparente que réelle, et qu'elle tient à l'euphonie. C'est ce que l'expérience démontre pleinement, ainsi qu'on pourra s'en convaincre par un examen attentif du paradigme ci-joint (pag. 34 et suiv.), dans lequel nous avons réuni et placé en regard divers noms de la première et de la deuxième déclinaison.

50. Il résulte évidemment de ce paradigme,

1° Que le nominatif, l'accusatif, le vocatif et l'ablatif sont les mêmes pour les mots terminés par une consonne, que pour ceux qui se terminent par une des lettres ى ﻩ و ﺍ ;

2° Que la seule différence qu'il y ait entre les premiers et les seconds, consiste en ce que, dans ceux-ci, le génitif prend un ن; et le datif un ى, devant le ﻚ et le ﻩ, lettres caractéristiques de ces cas (1); mais, ainsi que nous l'avons dit plus haut (n° 49), ce ن et ce ى ne peuvent être intercalés ainsi que par euphonie. Loin de détruire la règle, cette exception la confirme, puisqu'elle prouve qu'en conservant ces caractéristiques, on a voulu seulement éviter les hiatus ou les articulations désagréables à l'oreille;

3° Que les pluriels sont tous uniformes et réguliers.

51. La simplicité du système des déclinaisons turkes est telle

---

(1) Quelques mots, tels que ﺍو ev, maison, صو sou, eau, چاى tchaï, rivière, rentrent dans la règle générale et ne prennent pas au génitif et au datif le ن et le ى euphoniques.

qu'au moyen des règles ci-dessus posées, on peut décliner sans difficulté, non-seulement tous les mots turks en général, mais encore la plupart de ceux qui, tirant leur origine du persan et de l'arabe, peuvent se rencontrer dans la langue turke; d'où il suit qu'on peut et qu'on doit ranger tous les noms dans une seule et même déclinaison.

PARADIGME DE LA DÉCLINAISON DES NOMS

DÉCLINAISON

DE NOMS TERMINÉS PAR UNE CONSONNE.

SINGULIER.

N.	ار	er,	l'homme (vir).
G.	اركث	eruñ,	de l'homme.
D.	اره	erèh,	à l'homme.
Ac.	اری	eri,	l'homme.
V.	یا ار	ïa er,	ô homme.
Ab.	اردن	erden,	de l'homme.

PLURIEL.

N.	ارلر	erler,	les hommes.
G.	ارلرکث	erleruñ,	des hommes.
D.	ارلره	erlerèh,	aux hommes.
Ac.	ارلری	erleri,	les hommes.
V.	یا ارلر	ïa erler,	ô hommes.
Ab.	ارلردن	erlerden,	des hommes.

PARADIGME DE LA DÉCLINAISON DES NOMS.

DÉCLINAISON

DE NOMS TERMINÉS PAR UNE DES LETTRES ‫ا و ه ى‬.

SINGULIER.

N.	اغا	agha,	le seigneur.
G.	اغانك	aghanuñ,	du seigneur.
D.	اغايه	aghaïèh,	au seigneur.
Ac.	اغاى	aghaï,	le seigneur.
V.	يا اغا	ïa agha,	ô seigneur.
Ab.	اغادن	aghaden,	du seigneur.

PLURIEL.

N.	اغالر	aghaler,	les seigneurs.
G.	اغالرك	aghaleruñ,	des seigneurs.
D.	اغالره	aghalerèh,	aux seigneurs.
Ac.	اغالرى	aghaleri,	les seigneurs.
V.	يا اغالر	ïa aghaler,	ô seigneurs.
Ab.	اغالردن	aghalerden,	des seigneurs.

PARADIGME DE LA DÉCLINAISON DES NOMS.

DÉCLINAISON

DE NOMS TERMINÉS PAR UNE CONSONNE.

SINGULIER.

N.	يكت	*ighit* (1),	le jeune homme.
G.	يكدكث	*ighiduñ*,	du jeune homme.
D.	يكده	*ighidèh*,	au jeune homme.
Ac.	يكدى	*ighidi*,	le jeune homme.
V.	يا يكت	*ïa ighit*,	ô jeune homme.
Ab.	يكتدن	*ighitten*,	du jeune homme.

PLURIEL.

N.	يكدلر	*ighidler*,	les jeunes hommes.
G.	يكدلرث	*ighidleruñ*,	des jeunes hommes.
D.	يكدلره	*ighidlerèh*,	aux jeunes hommes.
Ac.	يكدلرى	*ighidleri*,	les jeunes hommes.
V.	يا يكدلر	*ïa ighidler*,	ô jeunes hommes.
Ab.	يكدلردن	*ighidlerden*,	des jeunes hommes.

(1) Voy., relativement au changement du D en T, les nᵒˢ 10 et 16 de la Grammaire.

PARADIGME DE LA DÉCLINAISON DES NOMS.

DÉCLINAISON

DE NOMS TERMINÉS PAR UNE DES LETTRES ‏ا و ه ى‎.

SINGULIER.

N.	‏قپو‎	*qapou,*	la porte.
G.	‏قپونكْ‎	*qapounuñ,*	de la porte.
D.	‏قپوبه‎	*qapiëh,*	à la porte.
Ac.	‏قپوى‎	*qapouï,*	la porte.
V.	‏يا قپو‎	*ïa qapou,*	ô porte.
Ab.	‏قپودن ٥‎	*qapouden,*	de la porte.

PLURIEL.

N.	‏قپولر‎	*qapouler,*	les portes.
G.	‏قپولركْ‎	*qapouleruñ,*	des portes.
D.	‏قپولره‎	*qapoulerèh,*	aux portes.
Ac.	‏قپولرى‎	*qapouleri,*	les portes.
V.	‏يا قپولر‎	*ïa qapouler,*	ô portes.
Ab.	‏قپولردن‎	*qapoulerden,*	des portes.

PARADIGME DE LA DÉCLINAISON DES NOMS.

DÉCLINAISON

DE NOMS TERMINÉS PAR UNE CONSONNE.

SINGULIER.

N.	ارسلان	*arslan,*	le lion.
G.	ارسلانكث	*arslanuñ,*	du lion.
D.	ارسلانه	*arslanah,*	au lion.
Ac.	ارسلانى	*arslani,*	le lion.
V.	يا ارسلان	*ïa arslan,*	ô lion.
Ab.	ارسلاندن	*arslanden,*	du lion.

PLURIEL.

N.	ارسلانلر	*arslanler,*	les lions.
G.	ارسلانلركث	*arslanleruñ,*	des lions.
D.	ارسلانلره	*arslanlerèh,*	aux lions.
Ac.	ارسلانلرى	*arslanleri,*	les lions.
V.	يا ارسلانلر	*ïa arslanler,*	ô lions.
Ab.	ارسلانلردن	*arslanlerden,*	des lions.

PARADIGME DE LA DÉCLINAISON DES NOMS.

DÉCLINAISON

DE NOMS TERMINÉS PAR UNE DES LETTRES ‌ى ة و ‌ا.

SINGULIER.

N.	كيجه	ghedjeh,	la nuit.
G.	كيجهنك	ghedjenuñ,	de la nuit.
D.	كيجهيه	ghedjeïeh,	à la nuit.
Ac.	كيجهى	ghedjehi,	la nuit.
V.	يا كيجه	ïa ghedjeh,	ô nuit.
Ab.	كيجهدن	ghedjehden,	de la nuit.

PLURIEL.

N.	كيجهلر	ghedjehler,	les nuits.
G.	كيجهلرك	ghedjehleruñ,	des nuits.
D.	كيجهلره	ghedjehlereh,	aux nuits.
Ac.	كيجهلرى	ghedjehleri,	les nuits.
V.	يا كيجهلر	ïa ghedjehler,	ô nuits.
Ab.	كيجهلردن	ghedjehlerden,	des nuits.

PARADIGME DE LA DÉCLINAISON DES NOMS.

DÉCLINAISON

DE NOMS TERMINÉS PAR UNE CONSONNE.

SINGULIER.

N.	يپراق	*ïapraq,*	la feuille.
G.	يپراغـكـ	*ïapraghuñ,*	de la feuille.
D.	يپراغه	*ïapragah,*	à la feuille.
Ac.	يپراغى	*ïapraghi,*	la feuille.
V.	يا يپراق	*ïa ïapraq,*	ô feuille.
Ab.	يپراقدن	*ïapraqten,*	de la feuille.

PLURIEL.

N.	يپراقلر	*ïapraqler,*	les feuilles.
G.	يپراقلرڭ	*ïapraqleruñ,*	des feuilles.
D.	يپراقلره	*ïapraqlerėh,*	aux feuilles.
Ac.	يپراقلرى	*ïapraqleri,*	les feuilles.
V.	يا يپراقلر	*ïa ïapraqler,*	ô feuilles.
Ab.	يپراقلردن	*ïapraqlerden,*	des feuilles.

PARADIGME DE LA DÉCLINAISON DES NOMS.

DÉCLINAISON

DE NOMS TERMINÉS PAR UNE DES LETTRES ى ة و ا.

SINGULIER.

N.	مفتى	*mufti,*	le patriarche.
G.	مفتينڭ	*muftinuñ,*	du patriarche.
D.	مفتيه	*muftïèh,*	au patriarche.
Ac.	مفتىيه	*muftii,*	le patriarche.
V.	يا مفتى	*ïa mufti,*	ô patriarche.
Ab.	مفتيدن	*muftiden,*	du patriarche.

PLURIEL.

N.	مفتيلر	*muftiler,*	les patriarches.
G.	مفتيلرڭ	*muftileruñ,*	des patriarches.
D.	مفتيلره	*muftilerèh,*	aux patriarches.
Ac.	مفتيلرى	*muftileri,*	les patriarches.
V.	يا مفتيلر	*ïa muftiler,*	ô patriarches.
Ab.	مفتيلردن	*muftilerden,*	des patriarches.

f

PARADIGME DE LA DÉCLINAISON DES NOMS.

DÉCLINAISON

DE NOMS TERMINÉS PAR UNE CONSONNE.

SINGULIER.

N.	قول	qoul, (1)	l'esclave ou le bras.
G.	قولك	qouluñ,	de l'esclave.
D.	قوله	qoulah,	à l'esclave.
Ac.	قولی	qouli,	l'esclave.
V.	یا قول	ïa qoul,	ô esclave.
Ab.	قولدن	qoulden,	de l'esclave.

PLURIEL.

N.	قوللر	qoullar,	les esclaves.
G.	قوللرك	qoullaruñ,	des esclaves.
D.	قوللره	qoullarah,	aux esclaves.
Ac.	قوللری	qoullari,	les esclaves.
V.	یا قوللر	ïa qoullar,	ô esclaves.
Ab.	قوللردن	qoullarden,	des esclaves.

---

(1) En turk oriental, ce mot signifie non-seulement bras, mais même jambe; c'est ainsi que nous disons la *patte* d'un animal. Quant à l'analogie existante entre le sens de ces mots et celui du mot *esclave*, elle est trop évidente pour qu'il soit nécessaire de l'expliquer.

PARADIGME DE LA DÉCLINAISON DES NOMS.

DÉCLINAISON

DE NOMS TERMINÉS PAR UNE DES LETTRES ‌ی ه و ا.

SINGULIER.

N.	چشمه	*tchechmèh ,*	la fontaine.
G.	چشمهنك	*tchechmèhnuñ ,*	de la fontaine.
D.	چشمهیه	*tchechmèhïèh ,*	à la fontaine.
Ac.	چشمهه	*tchechmèhi ,*	la fontaine.
V.	یا چشمه	*ïa tchechmèh ,*	ô fontaine.
Ab.	چشمهدن	*tchechmèhden ,*	de la fontaine.

PLURIEL.

N.	چشمهلر	*tchechmèhler ,*	les fontaines.
G.	چشمهلرك	*tchechmèhleruñ ,*	des fontaines.
D.	چشمهلره	*tchechmèhlerèh ,*	aux fontaines.
Ac.	چشمهلری	*tchechmèhleri ,*	les fontaines.
V.	یا چشمهلر	*ïa tchechmèhler ,*	ô fontaines.
Ab.	چشمهلردن	*tchechmèhlerden ,*	des fontaines.

PARADIGME DE LA DÉCLINAISON DES NOMS.

DÉCLINAISON

DE NOMS TERMINÉS PAR UNE CONSONNE.

SINGULIER.

N.	خاتون	khatoun, (1)	la dame.
G.	خاتونك	khatounuñ,	de la dame.
D.	خاتونغه	khatoungha,	à la dame.
Ac.	خاتونی	khatouni,	la dame.
V.	يا خاتون	ïa khatoun,	ô dame.
Ab.	خاتوندن	khatounden,	de la dame.

PLURIEL.

N.	خاتونلر	khatounler,	les dames.
G.	خاتونلرك	khatounleruñ,	des dames.
D.	خاتونلرغه	khatounlergha,	aux dames.
Ac.	خاتونلری	khatounleri,	les dames.
V.	يا خاتونلر	ïa khatounler,	ô dames.
Ab.	خاتونلردن	khatounlerden,	des dames.

---

(1) Nous donnons la déclinaison de ce mot, en ajoutant un غ au datif, pour citer un exemple de la déclinaison des noms en turk oriental. (Voy. ci-dessus, pag. 31.)

PARADIGME DE LA DÉCLINAISON DES NOMS.

DÉCLINAISON

DE NOMS TERMINÉS PAR UNE DES LETTRES ى د و ا .

SINGULIER.

N.	اری	eri,	l'abeille.
G.	ارینك	erinuñ,	de l'abeille.
D.	اریه	eriėh,	à l'abeille.
Ac.	اری.	erii,	l'abeille.
V.	یا اری	ïa eri,	ô abeille.
Ab.	اریدن	eriden,	de l'abeille.

PLURIEL.

N.	اریلر	eriler,	les abeilles.
G.	اریلرك	erileruñ,	des abeilles.
D.	اریلره	erilerėh,	aux abeilles.
Ac.	اریلری	erileri,	les abeilles.
V.	یا اریلر	ïa eriler,	ô abeilles.
Ab.	اریلردن	erilerden,	des abeilles.

CHAPITRE V.

DES DEGRÉS DE COMPARAISON.

52. Pour former le comparatif, en turk, on emploie la forme latine, qui consiste à mettre à l'ablatif le nom auquel on compare. L'adjectif res te toujours indéclinable; ainsi l'on dit اندن بیوك *ánden buïuk*, plus grand que lui, *major illo*; بالدن طاتلو *bálden tátlu*, plus doux que le miel, *melle dulcius*.

53. On se sert encore pour le même objet, et sans déroger néanmoins à la règle précédente, de certains adverbes qu'on peut appeler en turk, comme dans presque toutes les langues, adverbes comparatifs; tels sont دخی *dakhi* ou *daha*, encore, encore plus; چوق *tchoq*, beaucoup, beaucoup plus; پك *pek*, très, fort, etc. Ex. دخی اوزون *dakhi* ou *daha ouzoun*, plus long; بوندن چوق اینلو *bonden tchoq einlu*, beaucoup plus large que celui-ci; احددن پك شجاعتلو *Ahmetten pek chedja'atlu*, beaucoup plus brave qu'Ahmed.

54. Le comparatif, destiné à exprimer la diminution, ou plutôt à donner une idée plus faible mais plus gracieuse du nom adjectif, se forme par l'addition de la particule جك *djek*, ou *djaq*, à ce nom, en supprimant toutefois la dernière lettre, lorsqu'elle est une de celles que nous avons désignées ci-dessus (n° 8). Ex. طار *dar*, étroit; طارجك *daradjek*, un peu étroit; كوچك *kutchuk*, petit; كوچجك *kutchudjek*, un peu petit; صوق *soouq*, froid; صوجق *sooudjaq*, un peu froid.

55. Le superlatif, ce degré de comparaison dont les Orientaux font un si grand usage, se forme souvent de la même manière que

le comparatif. Ex. جمله سندن بيوك *djumlèhsinden buïuk*, le plus grand de tous (littéralement, le plus grand que tous).

56. On l'exprime quelquefois en mettant au génitif le nom qui fait l'objet de la comparaison ; mais dans l'un comme dans l'autre cas, on fait intervenir le pronom possessif affixe de la troisième personne. Ex. هپیسندن ایو *hepisinden eïu*, le meilleur de tous ; ادملرك بيوكى *adamleruñ buïughi*, le plus grand des hommes.

57. Ainsi que le comparatif, le superlatif est souvent exprimé en turk par des adverbes d'exagération ou des locutions augmentatives, telles que اك *eñ*, غايت ايله *ghdïet ilèh*, extrêmement ; زياده سيله *ziâdehsilèh*, infiniment ; افراطيله *ifrâtilèh*, excessivement, et diverses autres qu'on apprendra facilement par l'usage.

CHAPITRE VI.

DES DIVERSES ESPÈCES DE NOMS.

58. Les Turks ont deux espèces de noms : le primitif et le dérivé. Le primitif est celui qui ne tire son origine d'aucun autre mot, comme تكرى *tañri*, Dieu ; ال *el*, main ; ارسلان *arslân*, lion.

59. Le nom dérivé est celui qui tire son origine d'un verbe ou d'un nom.

60. Les noms dérivés du verbe sont :

1° Le nom d'agent ;

2° Le nom d'action.

61. Le nom d'agent peut, sous divers rapports, être considéré comme une espèce de participe présent. Il se forme par l'addition de la particule جى *dji*, ou يجى *idji*, à la deuxième personne de

l'impératif d'un verbe. C'est ainsi que de سو *sev*, aime, on forme سویجی *sevidji*, amateur; de قورتار *qourtar*, sauve, قورتارجی *qourtardji*, sauveur.

62. Le nom d'action, qui le plus souvent n'est autre chose que l'infinitif déclinable du verbe, se forme en turk de quatre manières différentes, savoir:

1° En supprimant la dernière lettre de l'infinitif. Ex. de ایجمك *itchmek*, boire, on fait ایجم *itchum*, boisson; de اتمق *atmaq*, jeter, اتم *atum*, jet.

2° En changeant cette dernière lettre en ه. Ex. بلمك *bilmek*, savoir, بلمه *bilmèh*, science, اكلمق *añlamaq*, comprendre, *añlamah*, intelligence.

3° En changeant la syllabe caractéristique de l'infinitif en ش ou en یش. Ainsi de كولمك *ghulmek*, rire, on fait, كولش *ghulich*, le rire; de باقمق *bàqmaq*, regarder, باقش *bàqich*, le regard.

4° En ajoutant à la dernière radicale du verbe, les particules لك *lik*, pour les verbes dont l'infinitif se termine en مك *mek*; et لق *liq*, pour les verbes dont l'infinitif se termine en مق *maq*. Ces particules se prononcent l'une et l'autre de la même manière, à moins que le ك caractéristique de la seconde ne se change en غ, ainsi que la chose a souvent lieu. Ex. كورمك *ghurmek*, voir, كورمكلك *ghurmeklik*, l'action de voir, la vue; اورمق *wourmaq*, frapper, اورمقلق *wourmaqlik*, l'action de frapper, dont le génitif serait, par exemple, اورمقلغك *wourmaqlighuñ*, et non اورمقلقك *wourmaqliquñ*, à cause de la règle précédemment exposée.

Divers noms adjectifs sont également dérivés du verbe: ainsi de قاچمق *qatchmaq*, on fait قاچقون *qatchqun*, fuyard; de دوزمك

duzmek, orner, دوزكون *duzghun*, orné ; de اوقومـق *oqoumaq*,
lire, اوقومش ادم *oqoumich adam*, homme qui a beaucoup lu.

63. Le nom dérivé du nom se forme,

1° Du substantif par l'addition de la particule لو *lu* ou لى *li*, qui
indique toujours la possession, la dotation et l'appartenance. Ex.
ات *at*, cheval, اتـلو *atlu* ou اتـلى *atli*, possesseur d'un cheval,
cavalier ; جان *djân*, ame, جانلو *djdnlu*, doué d'une ame, animé ;
استـامبوللو *Istamboullu*, Constantinople, استامبول *Istamboul*,
Constantinopolitain ; كومش *ghumuch*, argent (matière), كومشلو
ghumuchla, argenté.

2° Du substantif, par l'addition de la particule جى *dji*, qui indique, ainsi que nous l'avons remarqué plus haut (n° 61), le
nom d'agent, et par conséquent celui d'artisan, de fabricant, etc.
Ainsi de يول *iol*, chemin, on forme يولجى *ioldji*, voyageur ; de
اتمك *etmek*, pain, اتمكجى *etmekdjü*, boulanger ; de پاپـوش
papouch, soulier, پاپوشجـى *papouchdji*, cordonnier. Cette
particule جى *dji* se change quelquefois en چى *tchi*. Ex. اوقچى
ôqtchi, et non اوقجى *ôqdji*, arbalétrier, celui qui fabrique, ou
même celui qui lance des flèches.

64. Pour former ces deux espèces de noms, les Turks font quelquefois usage de périphrases ou d'expressions tirées de l'arabe et
du persan. C'est ainsi qu'au lieu de عقللو *a'qellu*, intelligent, ils
disent très-bien, à la manière des Arabes, ذو عقل *zou a'ql*, doué
ou possesseur d'intelligence ; ou, d'après les règles de leur propre
construction, عقل صاحبى *a'ql sdhibi* ; et qu'au lieu de
صاقنیجى *saqenidji*, abstinent, et de معرفتلو *ma'arifetlu*, indus-
trieux, ils peuvent dire comme les Persans, پرهیزكار *perhizkidr*, et
پرمعرفت *pur ma'arifet*.

6

65. De même, pour former le nom d'agent, ils peuvent se servir également bien d'une expression arabe, turke ou persane, et dire, par exemple, كتابجى *kitaptchi*, ou صحّاف *sahhâf*, libraire; حلواجى *halvadji* ou حلوا فروش *halva-fourouch*, confiseur; قپوجى *qapidji* ou دربان *derbân*, portier; بوستانجى *bostândji* ou باغبان *baghbân*, jardinier; سرّاج *serrâdj*, sellier; ترجمان *terdjümân*, interprète, etc.

66. Les noms de la première espèce sont des adjectifs; ceux de la seconde, de véritables substantifs, selon la judicieuse distinction de Beauzée (*Gramm. génér.*, tom. I, pag. 302); mais les uns et les autres sont susceptibles d'entrer dans la formation de nouveaux noms substantifs. Ainsi de اتلو *atlu*, cavalier (exemple cité plus haut n° 63), on peut faire اتلولك *atlulik*, l'action d'être cavalier; et de بهالو *behâlu*, cher, précieux, بهالولك *behâlulik*, cherté; de هنرلو *hunerlu*, habile, هنرلولك *hunerlulik*, l'action d'être habile, l'habileté, etc. De même de يولجى *ioldji*, voyageur, on peut faire يولجيلك *ioldjilik*, l'action d'être voyageur; de اتمكجى *etmekdgi*, boulanger, اتمكجيلك *etmekdjilik*, boulangerie; de صحّاف *sahhâf*, libraire, صحّافلك *sahhâflik*, librairie.

67. Cette particule لك *lik* ou لق *liq* a la propriété de rendre substantifs tous les noms qu'elle affecte : ainsi de آق *âq*, blanc, on forme آقلق *âqliq*, blancheur; de زيرك *zirek*, subtil, زيركلك *zireklik*, subtilité; de دوست *dost*, ami, دوستلق *dostliq*, amitié; de پادشاه *padichâh*, monarque, پادشاهلق *padichâhliq*, monarchie.

68. Cette même particule modifie quelquefois la signification des noms et la restreint à certaines limites. Ex. de ايكى *iki*, deux,

on forme ايكيلك *ikilik*, une pièce de deux (piastres, sequins, etc.); de كون *ghun*, jour, كونلك *ghunlik*, journée; de بر غروش *bir ghourouch*, une piastre, بر غروشلق *bir ghorouchliq*, la valeur d'une piastre; de قفتان *qaftân*, sorte de robe, قفتانلق *qaftânliq*, la quantité d'étoffe nécessaire pour faire un *qaftân*; de ميشه *michèh*, chêne, ميشهلك *michèhlik*, un lieu planté de chênes.

On emploie souvent aussi, dans la formation des noms, des expressions tirées de la langue persane. Ex. فرنكستان *frenghistan*, le pays des Francs, l'Europe; قلمدان *calemdan*, écriture; كناهكار *ghunahghiâr*, coupable.

69. Le nom diminutif se forme, en turk, de deux manières, savoir : quand il s'agit d'un substantif, par l'addition de la particule جك *djik*, ou جق *djiq*, qu'on écrit et qu'on prononce quelquefois چك *tchik* ou چق *tchiq*; et quand il s'agit d'un adjectif, par l'addition de la même particule, ou par celle de la particule چه *tchèh*. Exemples :

عورت *a'vret*, femme; عورتجك *a'vretdjik*, petite femme;

كتاب *kitâb*, livre; كتابجق *kitâptchiq*, petit livre;

بيوك *buiuk*, grand; بيوجك *buiudjek*, un peu grand;

آق *âq*, blanc; آقجه *âqtchèh*, un peu blanc.

70. On ajoute quelquefois aux noms diminutifs de la première espèce un ز après la particule جق *djiq*, et l'on dit, par exemple, الجغز *eldjeghcz*, petite main, et انجغز *atdjaghez*, petit cheval, au

lieu de البجق *eldjiq*, انّجق *atdjiq*, dérivés de ال *el*, main , et de
ات *at*, cheval.

71. Pour donner de la force et de l'énergie au discours, les
Turks , ainsi que plusieurs autres peuples , se servent de diverses
particules d'exagération ; ces particules précèdent ordinairement
les adjectifs. Exemples.

اپ اچق	*ap atchiq* , tout ouvert (ou clair).
اپ اکسز	*ap anstz*, tout-à-coup.
پک بیاض	*pek beïaz*, très-blanc.
بون بوش	*bon bòch* , tout-à-fait vide.
دپ دری	*dip diri*, tout vivant.
دوم دوز	*dum duz* , tout uni.
سم سیاه	*sim sidh*, tout-à-fait noir.
صپ صاری	*sap sári*, tout jaune.
طوپ طولو	*top dolou*, tout-à- fait plein.
طوز طوغرو	*doz dogrou* , tout droit.
قپ قرمزی	*qep qermezi*, tout rouge.
قپ قره	*qap parah* , tout-à-fait noir.
قوپ قورو	*qoup qourou*, tout-à-fait sec.
ماس ماوی	*mas mávi*, tout bleu.

يـاپ يالكـز   *ïap ïadeñiz*, tout seul.

يـام يـاش   *ïam ïach*, entièrement humide.

On fait, dans la conversation, un usage très-fréquent de ces sortes de locutions.

72. Les Turks ne trouvent pas, dans leur idiome, beaucoup de ces noms composés qui ajoutent tant de force et prêtent un si grand charme au discours; mais ils font un fréquent emploi des noms de cette espèce tirés de la langue persane, qui, si l'on en excepte le sanscrit et le grec parmi les langues anciennes, l'allemand et l'anglais parmi les modernes, est peut-être la plus riche et la plus ingénieuse de toutes, sous ce rapport. C'est donc dans les grammaires persanes que le lecteur doit chercher les règles de la composition de ces noms, et les exemples nécessaires à l'appui des règles. Nous ne pouvons néanmoins nous dispenser de lui dire que les noms composés nous paraissent se former en persan de quatre manières principales, savoir :

1° De deux substantifs arabes ou persans ;

2° D'un substantif et d'un adjectif ;

3° D'un substantif et d'un participe ;

4° D'une préposition et d'un substantif.

En voici quelques exemples :

NOMS COMPOSÉS
de deux substantifs.

پری روی   *peri-rouï*, de figure angélique.

کلعذار   *ghul-e'zár*, aux joues de rose.

عزتهاب   *a'zzet-ma'áb*, asile de la puissance.

NOMS COMPOSÉS
d'un adjectif et d'un substantif.

خوب روی   *khób-roui*, de belle figure.

خوب اواز   *khób-áváz*, de belle voix.

شیرینکار   *chirín-kiár*, doué de douceur.

NOMS COMPOSÉS
d'un substantif et d'un participe.

کل افشان   *ghul-efchán*, répandant des roses.

جهاندار   *djihán-dár*, possesseur du monde.

شهر اشوپ   *chehr-áchup*, jetant le trouble dans les villes.

NOMS COMPOSÉS
d'une préposition et d'un substantif.

نا امید   *na-umíd*, sans espérance.

کم بها   *kem-behá*, de peu de valeur.

بی امان   *bi-amán*, sans pitié.

CHAPITRE VII.

§ Ier. DES NOMS DE NOMBRE.

73. Les Turks ont deux manières de compter, l'une par les chiffres, improprement nommés chiffres arabes, l'autre par les lettres de l'alphabet; mais cette dernière est peu usitée. Nous disons *improprement nommés* chiffres arabes, parce qu'en effet le système de numération adopté par les Européens paraît être originaire de l'Inde, et qu'il a été transmis (1), mais non inventé, par les Arabes, ainsi que le prouve le nom de حروف الهندى *hurouf el-Hindi*, que ces chiffres ont conservé, et le sens dans lequel ils sont écrits (de gauche à droite), inverse de celui dans lequel les caractères d'écriture sont tracés (n° 1).

74. Les noms de nombre se divisent en *cardinaux, ordinaux* et *distributifs*. Voici les premiers :

! (1) L'opinion la plus accréditée est que cette transmission eut lieu en Italie, dans les premières années du xiiie siècle.

NOMS DE NOMBRE CARDINAUX.

			Chiffres turks.	Valeur en lettres.
بـر	bir.	Un.	١	ا
ايكى	iki.	Deux.	٢	ب
اوچ	utch.	Trois.	٣	ج
دورت	deurt.	Quatre.	۴	د
بش	bech.	Cinq.	٥	۵
التى	alti.	Six.	٦	و
يدى	ïedi.	Sept.	٧	ز
سكز	sekiz.	Huit.	٨	ح
طوقوز	doqouz.	neuf.	٩	ط
اون	ôn.	Dix.	١٠	ى
اون بـر	ôn bir.	Onze.	١١	يا
اون ايكى	ôn iki.	Douze.	١٢	يب
اون اوچ	ôn utch.	Treize.	١٣	يج
اون دورت	ôn deurt.	Quatorze.	١۴	يد
اون بش	ôn bech.	Qùinze.	١٥	يه
اون التى	ôn alti.	Seize.	١٦	يو
اون يدى	ôn ïedi.	Dix-sept.	١٧	يز
اون سكز	ôn sekiz.	Dix-huit.	١٨	يح
اون طوقوز	ôn doqouz.	Dix-neuf.	١٩	يط

NOMS DE NOMBRE CARDINAUX.

			Chiffres turks.	Valeur en lettres.
يكرمى	*ighirmi.*	Vingt.	٢٠	ك
اوتوز	*otouz.*	Trente.	٣٠	ل
قرق	*qerq.*	Quarante.	٤٠	م
اللى	*elli.*	Cinquante.	٥٠	ن
التمش	*altmich.*	Soixante.	٦٠	س
يتمش	*ïetmich.*	Soixante-dix.	٧٠	ع
سكسن	*seksen.*	Quatre-vingt.	٨٠	ف
طوقسان	*doqsan.*	Quatre-vingt-dix..	٩٠	ص
يوز	*ïus.*	Cent.	١٠٠	ق
ايكى يوز	*iki ïuz.*	Deux cent.	٢٠٠	ر
اوچ يوز	*utch ïuz.*	Trois cent.	٣٠٠	ش
بيك	*bïñ.*	Mille.	١٠٠٠	غ
ايكى بيك	*iki bïñ.*	Deux mille.	٢٠٠٠	بغ
اوچ بيك	*utch bïñ.*	Trois mille.	٣٠٠٠	جغ
دورت بيك	*deurt bïñ.*	Quatre mille.	٤٠٠٠	دغ
بش بيك	*bech bïñ.*	Cinq mille.	٥٠٠٠	هغ
اون بيك	*ôn bïñ.*	Dix mille.	١٠٠٠٠	يغ
يوز بيك	*ïuz bïñ*	Cent mille.	١٠٠٠٠٠	قغ

75. Les nombres cardinaux sont indéclinables. Lorsqu'ils se composent de plusieurs quantités, on les exprime comme en français, c'est-à-dire, en commençant par la quantité la plus forte, et en finissant par la plus faible. Ainsi, pour représenter le nombre 1833, on écrirait ١٨٣٣ ou بيك سكز يوز اوتوز اوچ *bin sekiz üuz otouz utch.*

§ II. DES NOMBRES ORDINAUX.

76. Les nombres ordinaux se forment des précédents, par l'addition de la particule نجى *indji.* Ex. بر *bir,* un, برنجى *birindji,* premier; ايكى *iki,* deux, ايكينجى *ikindji,* deuxième, etc. Cette règle est générale et elle s'applique à tous les nombres ordinaux, quelles que soient les quantités d'unités, de dixaines et de centaines dont ils se composent. Ex. قرقنجى *qerqindji,* quarantième; بش يوزنجى *bech üuzindji,* cinq-centième; بيكنجى *binindji,* millième. Les nombres ordinaux sont déclinables.

77. Les fractions se forment par l'addition du mot پاى *pai,* qui signifie *partie:* ainsi l'on dit اوچنجى پاى *utchindji pai,* le tiers; يوز نجى پاى *üuzindji pai,* le centième. Néanmoins, pour exprimer la moitié, le tiers et le quart, on se sert des mots يارم *iarem,* ثلث *tsults,* et چيرك *tcheïrèk.*

§ III. DES NOMBRES DISTRIBUTIFS.

78. Les nombres distributifs se forment des nombres cardinaux, par l'addition de la lettre ر, lorsque ces derniers se terminent par une consonne, et par l'addition de la particule شر *cher,* lorsqu'ils se terminent par la lettre ى. La table suivante donnera une idée suffisante de ces deux formations :

برر	*birer,*	un à un.
ایکیشر	*ikicher,*	deux à deux.
اوچر	*utcher,*	trois à trois.
دوردر	*deurder.*	quatre à quatre.
بشر	*becher,*	cinq à cinq,
التیشر	*alticher,*	six à six.
یدیشر	*ïedicher,*	sept à sept.
سکزر	*sekizer,*	huit à huit.
طوقوزر	*doqouzer,*	neuf à neuf.
اونر	*öner,*	dix à dix.
اون برر	*ön birer,*	onze à onze.
اون ایکیشر	*ön ikicher,*	douze à douze.

79. Quoique les noms dont il s'agit soient destinés à indiquer la division d'un tout en diverses parties égales, on s'en sert quelquefois pour présenter isolément à l'esprit l'idée d'une ou plusieurs quantités collectives. Ex. هر تـومندن اونر بـیک عسکـر چقار *her tumenden öner bïï asker tchiqar,* chaque tumen fournit dix mille soldats. On les répète quelquefois. Ex. شو کتابلری بـرر برر تـیزلـملو *chou kitableri birer birer temizlemelu,* il faut nettoyer ces livres un à un.

Il existe encore diverses manières de considérer les nombres; mais toutes pouvant se rapporter aux règles établies au chapitre V (n° 63), relatives au nom dérivé du nom, nous nous abstiendrons de répétitions inutiles ; et pour ne point fatiguer la mémoire du lecteur, nous nous bornerons à lui présenter quatre exemples de la manière dont les noms de nombre peuvent se présenter dans le discours :

ايكى قـناتـلو قـوش *iki qanatlu qouch*, oiseau doué *de deux* ailes.

بر كونلك يول *bir ghunlik iol*, *une* journée de chemin.

ايكى طرفدن *iki taraften*, *de deux* côtés.

بش قـرنداشى وار ايـدى بشنى بـيله اولدردى *bech qarenda-chi war idi bechini bileh euldurdi*, il avait cinq frères, il les tua *tous les cinq*.

CHAPITRE VIII.

§ Ier. DES PRONOMS.

80 Les pronoms, en turk, sont isolés ou affixes.

81. Les pronoms isolés se déclinent à peu près, et les pronoms affixes entièrement comme les noms.

82. On divise les pronoms isolés, en personnels, démonstratifs, relatifs et interrogatifs. Nous traiterons de ces deux derniers sous la dénomination plus exacte de *mots conjonctifs et interrogatifs*.

83. Les pronoms personnels sont بن *ben*, سن *sen*, أول *ol* ou أو *o*; ils se déclinent de la manière suivante :

PREMIÈRE PERSONNE.

———

SINGULIER.

N.	بن	ben,	moi.
G.	بنم	benum,	de moi.
D.	بكا	baña,	à moi.
Ac.	بنى	beni,	moi.
Ab.	بندن	benden,	de moi.

PLURIEL.

N.	بز ou بزلر	biz ou bizler,	nous.
G.	بزم	bizum,	de nous.
D.	بزة	bizèh,	à nous.
Ac.	بزى	bizi,	nous.
Ab.	بزدن	bizden,	de nous.

SECONDE PERSONNE.

SINGULIER.

N.	سن	sen,	toi.
G.	سنك	senuñ,	de toi.
D.	سكا	saña,	à toi.
Ac.	سنى	seni,	toi.
V.	يا سن	ïa sen,	ô toi.
Ab.	سندن	senden,	de toi.

PLURIEL.

N.	سز ou سزلر	siz ou sizler,	vous.
G.	سزك	sizuñ,	de vous.
D.	سزه	sizèh,	à vous.
Ac.	سزى	sizi,	vous.
V.	يا سز	ïa siz,	ô vous.
Ab.	سزدن	sizden,	de vous.

84. Les pronoms personnels de la première et de la seconde personne sont les seuls dont la déclinaison diffère essentiellement de la déclinaison des noms. La différence consiste, 1º en ce que le génitif se termine au singulier et au pluriel par un م, au lieu de se terminer par un كــ, comme dans la déclinaison régulière des noms; 2º en ce que les pluriels de ces pronoms sont irréguliers.

TROISIÈME PERSONNE.

SINGULIER.

N.	او ou أول	ol ou o,	lui.
G.	انـكـ	anuñ,	de lui.
D.	اكا	aña,	à lui.
Ac.	انى	ani,	lui.
Ab.	اندن	anden,	de lui.

PLURIEL.

N.	انلر	anlar ou onler,	eux.
G.	انلرك	anlaruñ,	d'eux.
D.	انلره	anlarèh,	à eux.
Ac.	انلرى	anlari,	eux.
Ab.	انلردن	anlarden,	d'eux.

§ II. DES PRONOMS DÉMONSTRATIFS.

—●—

85. Les pronoms démonstratifs sont 1° أول *ol* ou او *o*, lui ou celui-là, dont la déclinaison précède ; 2° شو *chou*, بو *bou* ou ايشبو *ichbou*, celui-ci, qui se décline de la manière suivante :

SINGULIER.

N.	بو ou شو	*bou ou chou,*	celui-ci.
G.	بونك	*bounuñ,*	de celui-ci.
D.	بوكا	*bouña,*	à celui-ci.
Ac.	بونى	*bouni,*	celui-ci.
Ab.	بوندن	*bounden,*	de celui-ci.

PLURIEL.

N.	بونلر	*bounlar,*	ceux-ci.
G.	بونلرك	*bounlaruñ,*	de ceux-ci.
D.	بونلره	*bounlarèh,*	à ceux-ci.
Ac.	بونلرى	*bounlari,*	ceux-ci.
Ab.	بونلردن	*bounlarden,*	de ceux-ci.

86. Le pronom relatif, ou (pour s'exprimer d'une manière plus
conforme aux règles de la grammaire générale) l'adjectif conjonctif *qui, que, lequel*, peut se rendre par كه *kih,* كی *ki* ou
غی *ghi*; comme dans les exemples suivants : بــرادم كه كناه صاجبی
بِر adem kih ghunâh-sâhibi اوله صانورکه هیسی کناه صاحبیدر
olah sanur kih hepisi ghunâh-sâhibi dur, un homme *qui* est vicieux
pense que tout le monde l'est (comme lui); بنکه سنک اغاک
ام بــندن قورقمەلوسن ben ki senuñ aghañ eın benden qorqmalu
sen , tu dois me craindre, moi *qui* suis ton maître; استــانبــل
النديغی وقتلْه *Istamboul alendeghi waqittèh* , dans le temps *que*
Constantinople fut prise; حساب اولنـدغی اوزره *hissab oloundughi uzrèh*, conformément au compte *qui* a été fait; تـرجـمه
ايتد کمز توارىخده *terdjimèh ittighimuz tewarikhdèh*, dans les annales
que nous avons traduites. Néanmoins, les Turks remplacent souvent ce pronom par le participe présent ou par le participe passé
du verbe, d'une manière qui leur est propre et que nous tâcherons
de rendre sensible par deux exemples. On peut dire à la rigueur
بو حریفدرکه دون انی اوردم *bou herîftur kih dun ani wourdum*,
c'est cet individu *que* j'ai frappé hier; ادم که کلیور *adem kih ghe-
liur*, l'homme *qui* vient; mais, pour parler plus correctement, il
vaut mieux s'exprimer de la manière suivante: دونکی اوردغم
حریف بو در ;*dunki wourdughum herîf bou dur* کلن ادم *ghelen
adem.*

87. Le même mot (كه *kih*, کی *ki* ou غی *ghi*) se présente

i

souvent annexé à des noms, à des pronoms ou même à des adverbes, quand il s'agit d'indiquer la relation directe d'un nom
avec un autre ; mais alors le verbe substantif est presque toujours
sous–entendu. Ex. سرّ کی دلده *dildèh-ki sirr*, le secret *qui* est
dans le cœur ; قلیج کی المده *elumdèh-ki qilidj'*, le sabre *qui* est
dans ma main ; پنجره کی یوقرده *ïoqardèh-ki pendjerèh*, la fenê-
tre *qui* est en haut ; کون کونکی بو *bou ghunki ghun*, ce jour-
d'hui, etc.

88. L'interrogatif personnel s'exprime par کیم *kim*, qui, lequel,
et se décline régulièrement. Ex. دربو کیمک *kimuñ dur bou*, de
qui est cela ? ویرسن کیمه *kimèh virersen*, à qui (le) donnez-
vous ? الدک کیمی *kimi alduñ*, lequel as-tu pris ?

89. L'interrogatif matériel ou de la chose, نه *nèh*, quoi ? se décline également. Ex. وار نه *nèh war* qu'y a-t-il ? کلدک نه یه *nèhïèh
ghelduñ*, pourquoi es-tu venu ? قرقرسن ندن *nèhden qorqarsen*, que
crains-tu ? در نه ادی *adi nèh dur*, quel est son nom ? کچدی نهلر
nèhler ghetchti, que de choses se sont passées !

90. Ce mot admet les possessifs affixes ; ainsi l'on dit وار نهم
nèhm war, qu'ai-je, (litt.) qu'y a-t-il de moi ? وار نهسی *nèhsi
war*, qu'a-t-il, qu'y a-t-il de lui ?

91. Le même mot a quelquefois l'apparence de l'interrogatif
personnel, mais cette apparence naît de ce qu'il se trouve alors
quelque chose de sous-entendu dans la phrase ; comme dans
در ادم نه اصل *nèh adem dur*, quel homme est-ce ? au lieu de
در ادم نه اصل *nèh asl* (vulg.), *n'asl adem dur*, quelle espèce d'homme
est-ce ? Ce mot نه *nèh*, indique souvent l'admiration. Ex. کوزل نه
در *nèh ghuzel dur*, qu'il est beau ! mais dans ce cas il est évident
qu'on le prend adverbialement. On s'en sert dans la même accep-

tion, quand on dit : نه قدر *nèh qadar,* combien! (litt.) quelle quantité! نه ايچون *nèh itchun,* ou نيچون *nitchun* pourquoi!

92. Les Turks ont un mot interrogatif indéclinable, c'est قنغى *qanghi,* lequel? il précède ordinairement le substantif, et admet, comme le précédent, les pronoms possessifs affixes. Ex. قنغى يردن *qanghi ïerden,* de quel lieu? قنغيمز *qanghimuz,* lequel de nous? قنغيكز *qanghiñiz,* lequel de vous? قنغيسى *qanghisi,* lequel d'entre eux? قنغى ولايتلو *qanghi velaïetlu,* de quel pays?

93. L'adjectif *quelqu'un* s'exprime en turk par بر كيمسه *bir kimsèh,* ou بر كيمسنه *bir kimesnèh,* ou seulement par كيمسه *kimsèh;* il se décline régulièrement.

94. L'adjectif indéfini بر *bir,* un, équivaut fréquemment à un nom conjonctif; ainsi l'on dit بر شى *bir che'ï,* une chose ou quelque chose. Il en est de même de certains mots qui servent souvent à spécialiser les objets, comme بر پاره تكنه *bir parah teknèh,* une pièce de navire, un navire; ايكى قطعه كتاب *iki qata' kitab,* deux exemplaires de livres, deux livres; اوچ دانه انجو *utch tanèh indju,* trois grains de perles, trois perles.

95. Les Turks n'ont point de nom qui soit l'équivalent exact du substantif français *personne,* ou de l'adjectif *aucun;* mais ils se servent des mots كيمسه *kimsèh,* كيمسنه *kimesnèh,* بر كيمسنه *bir kimesnèh,* quelqu'un, suivi d'un verbe négatif. Quelquefois, pour rendre la négation plus précise, ils font précéder ces mots de la particule négative هيچ *hitch,* rien; ainsi ils disent بر كيمسه كلديمى *bir kimsèh ghelmedimi,* quelqu'un n'est-il pas venu? n'est-il venu personne? La réponse négative à cette question serait : هيچ كيمسه كلدى *hitch kimsèh ghelmedi,* il n'est venu per-

sonne, (litt.) absolument personne n'est venu; بر شئ بلمز *bir*
bir che'ï bilmes ou هيج بر شئ بلمز *hitch bir che'ï bilmes*, il ne
sait rien, absolument rien.

96. Cette particule négative est souvent remplacée par les adverbes arabes اصلا *aslan* et قطعًا *qati'an.* **Ex.** اصلاً بر وجهله
اولهاز *aslan bir vedjhilèh olmaz*, en aucune manière (cela) ne se
peut; اصلاً و قطعًا بر شئ كورنهدى *aslan ve qati'an bir che'ï
gurunmedi*, on n'a vu absolument rien.

97. Les adjectifs *tout*, *chaque* ou *chacun*, se rendent par هر
her, هر برى *her biri*, هركشى *her kichi.*

98. Les mots *tout* ou *tous* pris dans une acception soit adjective,
soit adverbiale, peuvent se traduire de l'une des manières suivantes :

Turk.	هپ	*hep*,
Turk.	هپيسى	*hepisi*,
Turk.	بتون	*butun*,
Arabe.	جله	*djumlèh*,
Ar. et turk.	جله سى	*djumlèhsi*,
Arabe.	جيع	*djemia'*,
Arabe.	كلّ	*kull*,

tout, tous, en totalité,
entièrement.

99. Pour exprimer notre *quelconque*, *qui*, ou *quoi que ce soit*,
on se sert en turk de l'adjectif هر *her* (n° 97), suivi de l'un des
interrogatifs كيم *kim*, نه *nèh*, ou قنغى *qanghi*, dont il vient

d'être parlé (n°ˢ 88, 89, et 92). Ex. هر كيم كلورسه *her kim ghe-lursah*, qui que ce soit qui vienne; هر قـنـغى ايسه *her qanghi tsah*, qui que ce soit; هر نه يوزدن اولورسه *her nèh iuzden olour-sah*, de quelque façon que ce soit. Comme cette manière de parler exige nécessairement que le verbe suivant soit à la troisième personne du subjonctif, il arrive très-souvent que l'existence de cette troisième personne suppose l'existence de l'adjectif هر *her*. Ex. هـر نـه ايدرسه ايـتـسون *nèh edersah etsun*, pour نه ايدرسه ايتسون *her nèh edersah etsun*, quoi que (ce) soit qu'il fasse, qu'il (le) fasse.

نه اولورسه اولسون *nèh oloursah olsun*, quoi que (ce) soit, que (cela) soit.

نه كه يازلدى ايسه اولسون *nèh kih ïazeldi tsah olsun*, quoi que (ce) soit qui ait été écrit, que (cela) soit.

100. Il est certains adverbes qui précèdent ordinairement les pronoms démonstratifs. Ces adverbes, qui sont هيان *hemán*, ينه *inèh* ou كنه *ghenèh*, signifient *même, encore*, etc. Ex. هيان او در *heman ó dur*, c'est lui (la ou le) même; ينه بو *inèh bou*, en-core, celui-là, etc.

101. Il ne paraît pas inutile de joindre ici quelques-unes des locutions qu'on peut appeler en quelque sorte pronominales, dont les Turks font le plus fréquent usage; ce sont :

Turk. بر دخى *bir dakhi*, ou بر ده *bir daha*, encore un.

Turk. او برى *ó biri*, cet autre.

Turk. او برى دخى *ó biri dakhi* ou *daha*, cet autre encore.

Turk.	بونـگك كبى	*bounuñ ghibi*, comme, tel que celui-ci.
Turk.	انـگك كبى	*anuñ ghibi*, comme celui-là.
Arab.	فلان	*fulán*, un tel.
Arab.	اجناس	*adjnás*,
Arab.	الوان	*elván*,
Arab.	انواع	*anva'*,
Pers.	رنكارنك	*rengáreng*,
Pers.	كوناكون	*ghunághun*,
Turk.	درلو درلو	*turlu turlu*,

divers, diverses espèces.

§ IV. DES PRONOMS POSSESSIFS.

102. La plupart des grammairiens divisent les pronoms possessifs en affixes et en isolés; mais il convient que ces derniers ne sont autre chose que les génitifs des pronoms personnels, et que, dans tous les cas, il est possible d'analyser leur construction de telle sorte que le génitif reparaisse naturellement dans la phrase. Qu'il soit donc permis d'écarter cette distinction inutile, et de ranger tous les pronoms possessifs turks dans une seule et même classe, c'est-à-dire dans celle des affixes.

103. La forme de ces pronoms est extrêmement simple; elle consiste dans l'addition au nom, soit primitif, soit dérivé, soit simple, soit composé, d'une lettre ou d'une particule qui se dé-

cline avec le nom. On conçoit combien il importe, pour parvenir à l'intelligence du sens, de ne pas perdre de vue cette règle.

104. Voici les lettres ou particules qui caractérisent les pronoms possessifs de chaque personne :

Pour la 1re du singulier,   م   qu'on prononce *m* ou *um*,

Pour la 2e *id.*   كُو   *ñ* ou *uñ*,

Pour la 3e *id.*   ى   *i*,

pour les noms terminés par une consonne.

Quant à ceux qui se terminent par une des lettres ا و ه ى, la particule caractéristique de la troisième personne du singulier est   سى   *si*,

Pour la 1re du pluriel   مز   *muz*,

Pour la 2e *id.*   كز   *ñiz*,

Pour la 3e *id.*   لرى   *leri*.

EXEMPLES :

SINGULIER.

PREMIÈRE PERSONNE.

قلپاق   *qalpaq*,   bonnet.

قلپاغم   *qalpaghum*,   mon bonnet.

DEUXIÈME PERSONNE.

كوكُل   *gheuñul*,   cœur.

كوكُلُك   *gheuñuluñ*,   ton cœur.

TROISIÈME PERSONNE.

Noms terminés par une consonne.

قان	qan,	sang.
قانى	qani,	son sang.

Noms terminés par une des lettres ى ه و ا .

انا	ana,	mère.
اناسى	anasi,	sa mère.
اوردو	ordou,	armée.
اوردوسى	ordousi,	son armée.
دوه	devèh,	chameau.
دوهسى	devèhsi,	son chameau.
يالى	ïali,	rivage.
ياليسى	ïalisi,	son rivage.

PLURIEL.

PREMIÈRE PERSONNE.

بيراق	beïraq,	drapeau.
بيراغمز	beïraghumuz,	notre drapeau.

DEUXIÈME PERSONNE.

هفته	haftah,	semaine.

هفته‌كز   *haftahñiz*,   votre semaine.

TROISIÈME PERSONNE.

حضرت   *hazret*,   excellence.
حضرتلرى   *hazretleri*,   leur excellence.

105. Nous allons mettre sous les yeux du lecteur le paradigme de la déclinaison de ces pronoms, combinés avec des noms, soit primitifs, soit dérivés, et terminés soit par une consonne, soit par une des lettres ci-dessus mentionnées (n° 104).

PARADIGME.

نر.

PARADIGME DES PRONOMS POSSESSIFS.

————

combinée avec un nom primitif.

SINGULIER (م).

N.	اوغلم	*oghloum*,	mon fils.
G.	اوغلمك	*oghloumuñ*,	de mon fils.
D.	اوغلمه	*oghloumèh*,	à mon fils.
Ac.	اوغلمى	*oghloumi*,	mon fils.
Ab.	اوغلمدن	*oghloumden*,	de mon fils.

PLURIEL (مز).

N.	اوغلمز	*oghloumuz*,	mes fils.
G.	اوغلمزك	*oghloumuzuñ*,	de mes fils.
D.	اوغلمزه	*oghloumuzèh*,	à mes fils.
Ac.	اوغلمزى	*oghloumuzi*,	mes fils.
Ab.	اوغلمزدن	*oghloumuzden*,	de mes fils.

combinée avec un nom dérivé.

SINGULIER (كڭ).

N. چفتلكڭ *tchiftlighuñ*, ta ferme.

G. چفتلكڭڭ *tchiftlighiñuñ* de ta ferme.

D. چفتلكڭه *tchiftlighiñèh*, à ta ferme.

Ac. چفتلكڭى *tchiftlighiñi*, ta ferme.

Ab. چفتلكڭدن *tchiftlightñden*, de ta ferme.

PLURIEL (كڭز).

N. چفتلكڭز *tchiftlighiñiz*, votre ferme.

G. چفتلكڭزڭ *tchiftlighiñizuñ*, de votre ferme.

D. چفتلكڭزه *tchiftlighiñizeh*, à votre ferme.

Ac. چفتلكڭزى *tchiftlighiñizi*, votre ferme.

Ab. چفتلكڭزدن *tchiftlighiñizden*, de votre ferme.

TROISIÈME PERSONNE,

combinée avec un nom terminé par une consonne.

———

SINGULIER (ى).

N.	اغاجى ،	*aghadji,*	son *ou* leur arbre.
G.	اغاجينك	*aghadjinuñ,*	de son *ou* de leur arbre.
D.	اغاجينه	*aghadjineh,*	à son *ou* à leur arbre.
Ac.	اغاجينى	*aghudjini,*	son *ou* leur arbre.
Ab.	اغاجيندن	*aghadjinden,*	de son *ou* de leur arbre.

PLURIEL (لرى).

N.	اغاجلرى ،	*aghadjleri,*	ses *ou* leurs arbres.
G.	اغاجلرينك	*aghadjlerinuñ,*	de ses *ou* de leurs arbres.
D.	اغاجلرينه	*aghadjlerineh,*	à ses *ou* à leurs arbres.
Ac.	اغاجلرى	*aghadjlerini,*	ses *ou* leurs arbres.
Ab.	اغاجلريندن	*aghadjlerinden,*	de ses *ou* de leurs arbres.

TROISIÈME PERSONNE,

combinée avec un nom terminé par un ا.

SINGULIER (سى)

N.	اناسى	*anasi*,	sa *ou* leur mère.
G.	اناسينك	*anasinuñ*,	de sa *ou* de leur mère.
D.	اناسينه	*anasinèh*,	à sa *ou* à leur mère.

Ac. { اناسينى *anasini*, ou اناسين *anasìn*, } sa *ou* leur mère.

| Ab. | اناسيندن | *anasìnden*, | de sa *ou* de leur mère. |

PLURIEL (لرى).

N.	انالرى	*analeri*,	ses *ou* leurs mères.
G.	انالرينك	*analerinuñ*,	de ses *ou* de leurs mères.
D.	انالرينه	*analerinèh*,	à ses *ou* à leurs mères.
Ac.	انالرينى	*analerini*,	ses *ou* leurs mères.
Ab.	انالريندن	*analerìnden*,	de ses *ou* de leurs mères.

TROISIÈME PERSONNE,

combinée avec un nom terminé par un و .

SINGULIER (سى).

N	قورقوسى	*qorqousi,*	sa *ou* leur crainte.
G.	قورقوسينك	*qorqousinuñ,*	de sa *ou* de leur crainte.
D.	قورقوسينه	*qorqousinèh,*	à sa *ou* à leur crainte.
Ac.	قورقوسينى *qorqousini,* ou قورقوسين *qorqousìn,*		sa *ou* leur crainte.
Ab.	قورقوسيندن	*qorqousìnden,*	de sa *ou* de leur crainte.

PLURIEL (لرى).

N.	قورقولرى	*qorqouleri,*	ses *ou* leurs craintes.
G.	قورقولرينك	*qorqoulerinuñ,*	de ses *ou* de leurs craintes.
D.	قورقولرينه	*qorqoulerinèh,*	à ses *ou* à leurs craintes.
Ac.	قورقولرينى	*qorqoulerini,*	ses *ou* leurs craintes.
Ab.	قورقولريندن	*qorqoulerìnden,*	de ses *ou* de leurs craintes.

combinée avec un nom terminé par un ه .

SINGULIER (سى).

N.   ددهسى   *dedèhsi,*   son *ou* leur aïeul.

G.   ددهسينك   *dedèhsinuñ,*   de son *ou* de leur aïeul.

D.   ددهسينه   *dedèhsinèh,*   à son *ou* à leur aïeul.

Ac. { ددهسينى   *dedèhsini,* ou ددهسين   *dedèhsín,* } son *ou* leur aïeul.

Ab. ددهسيندن   *dedèhsínden ,*   de son *ou* de leur aïeul.

PLURIEL (لرى).

N.   ددهلرى   *dedèhleri,*   ses *ou* leurs aïeux.

G.   ددهلرينك   *dedèhlerinuñ,*   de ses *ou* de leurs aïeux.

D.   ددهلرينه   *dedèhlerinèh,*   à ses *ou* à leurs aïeux.

Ac.   ددهلرينى   *dedèhlerini,*   ses *ou* leurs aïeux.

Ab.   ددهلريندن   *dedèhlerínden,*   de ses *ou* de leurs aïeux.

TROISIÈME PERSONNE,

combinée avec un nom terminé par un ی .

SINGULIER (سى).

N.	قاريسى	qarisi,	sa femme (*uxor ejus*).
G.	قاريسينك	qarisinuñ,	de sa femme.
D.	قاريسينه	qarisinèh,	à sa femme.

	قاريسينى	qarasini,	
Ac.	*ou*		sa femme.
	قاريسين	qarasîn,	

| Ab. | قاريسيندن | qarisînden, | de sa femme. |

PLURIEL (لرى).

N.	قاريلرى	qarileri,	ses *ou* leurs femmes.
G.	قاريلرينك	qarilerinuñ,	de ses *ou* de leurs femmes.
D.	قاريلرينه	qarilerinèh,	à ses *ou* à leurs femmes.
Ac.	قاريلرينى	qarilerini,	ses *ou* leurs femmes.
Ab.	قاريلريندن	qarilerînden,	de ses *ou* de leurs femmes.

Le pronom possessif de la troisième personne (لرى) se décline au pluriel comme au singulier.

106. La lettre caractéristique de ce pronom (ى) est le plus souvent retranchée dans les cas obliques, tant au pluriel qu'au singulier : ainsi l'on dit اغاجينـكـ *aghadjinuñ*, au lieu de اغاجنـكـ *aghadjĭnuñ* ; أناسينـه *anasinèh*, au lieu de أناسنـه *anasĭnèh* ; قورقوسينى *qorqousini*, au lieu de قورقوسنى *qorqousĭni* ; قاريسين *qarisin*, au lieu de قاريسين *qarisĭn* ; ددهسنـدن *dedèhsinden*, au lieu de ددهسيندن *dedèhsĭnden* ; اغاجلرنـكـ *aghadjlerinuñ*, au lieu de اغاجلرينـكـ *aghadjlerĭnuñ*.

106 *bis*. Les pronoms possessifs placés à la suite des noms composés se déclinent conformément aux règles exposées dans le présent paragraphe (n° 102 et suivants). Exemple :

SINGULIER (م).

N.   التون زنجيرم   *altun zendjirum*, ma chaîne d'or.

G.   التون زنجيرمـكـ   *altun zendjirumuñ*, de ma chaîne d'or.

D.   التون زنجيرمه   *altun zendjirumèh*, à ma chaîne d'or.

Ac.   التون زنجيرمي   *altun zendjirumi*, ma chaîne d'or.

Ab.   التون زنجيرمدن   *altun zendjirumden*, de ma chaîne d'or.

PLURIEL (مز).

N.   التون زنجيرمز   *altun zendjirumuz*, notre chaîne d'or.

k

G. التون زنجيرمزك *altun zendjirumuzuñ*, de notre chaîne d'or.

D. التون زنجيرمزه *altun zendjirumuzèh*, à notre chaîne d'or.

Ac. التون زنجيرمزي *altun zendjirumuzi*, notre chaîne d'or.

Ab. التون زنجيرمزدن *altun zendjirumuzden*, de notre chaîne d'or.

107. Il est quelques noms terminés par un و ou par un ى, tels que او *ev*, maison ; صو *sou*, eau ; اى *aï*, mois, etc., qui font exception à la règle générale, et conservent le ى caractéristique du pronom possessif de la troisième personne, sans qu'il soit nécessaire de le faire précéder du س.

108. Les pronoms possessifs restent indéclinables devant les postpositions. Ex. اوده‌مزده *odahmuzdèh*, dans notre chambre ; قرنداشكزايله *qarendachiñiz ilèh*, avec votre frère ; باباسيچون *babasitchun*, pour son père, etc.

Il résulte du paradigme et des observations qui précèdent, 1° que les noms affectés de pronoms possessifs affixes sont considérés par les Turks comme des espèces de noms composés et se déclinent régulièrement ;

2° Que les diverses anomalies du pronom possessif de la troisième personne tiennent à ce que la lettre caractéristique de ce pronom est un ى, et sont la conséquence nécessaire des principes ci-dessus posés (n°s 47 et 49) ;

3° Que le ن euphonique dont le pronom possessif de la troisième personne est affecté dans tous les cas autres que le nomi-

natif, suffit le plus souvent pour indiquer la présence de ce prouom
(n° 106).

Ces observations, et particulièrement la dernière, paraissent
de nature à mériter toute l'attention du lecteur.

109. Le pronom personnel *lui-même* se rend par كندو *kendu*,
et en turk oriental par أوز *uz*; il se décline régulièrement, et est
susceptible de prendre, comme toute autre espèce de noms, les
particules caractéristiques des pronoms possessifs; en sorte qu'on
dit :

SINGULIER.

1re pers. كندوم *kendum* ou en turk oriental أوزم *uzum*, moi-
même.

2e pers. كندوك *kenduñ* ou أوزك *uzuñ*, toi-même.

3e pers. كندوسى *kendusi* ou كندو *kendu* et أوزى *uzi*, lui-
même.

PLURIEL.

1re pers. كندومز *kendumuz* ou أوزمز *uzumuz*, nous-mêmes.

2e pers. كندوكز *kenduñiz* ou أوزكز *uzuñiz*, vous-mêmes.

3e pers. كندولرى *kenduleri*, ou أوزلرى *uzleri* et كندولر *ken-
duler* ou أوزلر *uzler*, eux-mêmes.

110. Pour exprimer cette espèce de pronom possessif qu'on
rend en français par *le tien, le mien, le sien*, etc., les Turks em-

ploient le génitif d'un pronom personnel ou d'un pronom démonstratif suivi de la particule کی *ki*, et ils disent :

SINGULIER.

بنمکی *benumki*, le mien *ou* la mienne, celui *ou* celle *qui* est à moi.

سنڭکی *senuñki*, le tien *ou* la tienne.

انڭکی *anuñki*, le sien *ou* la sienne.

بونڭکی *bounuñki* ou شونڭکی *chounuñki*, le sien, la sienne, à celui-ci *ou* à celle-ci.

بزمکی *bizumki*, le nôtre *ou* la nôtre.

سزڭکی *sizuñki*, le vôtre *ou* la vôtre.

انلرڭکی *anleruñki*, le leur *ou* la leur.

بونلرڭکی *bounleruñki* ou شونلرڭکی *chounleruñki*, à ceux-ci *ou* à celles-ci.

PLURIEL.

بنمکیلر *benumkiler*, les miens.

سنڭکیلر *senuñkiler*, les tiens.

انڭکیلر *anuñkiler*, les siens.

بونـثكيلر *bounuñkiler*, les siens, les siennes, à celui-ci *ou* à

celle-ci.

بزمكيلر *bizumkiler*, les nôtres.

سزثكيلر *sizuñkiler*, les vôtres.

انلرثكيلر *anlaruñkiler*, les leurs.

بونـثكيلر *bounuñkiler*, les leurs, à ceux-ci *ou* à celles-ci.

Ces divers pronoms se déclinent régulièrement.

ÉLÉMENTS

DE LA

GRAMMAIRE TURKE.

~~~~~~~~~~~~~~~~~~~~~~~~~~~~~~~~~~~~~~~

DEUXIÈME PARTIE.

CHAPITRE PREMIER.

DU VERBE EN GÉNÉRAL.

111. Le lecteur a pu remarquer, dans la première partie de cet ouvrage, la régularité et l'uniformité constantes avec lesquelles les noms turks se forment, se dérivent et se déclinent. Le système de la formation et de la conjugaison des verbes n'est ni moins simple, ni moins uniforme, ni moins régulier.

112. Les premiers grammairiens qui se sont occupés de cette partie, qu'on peut appeler l'ame du discours (1), considérant que les infinitifs turks affectent deux terminaisons différentes (مق maq ou مك mek), et que de cette différence naissaient quelques anomalies relatives dans certains modes, et dans certains temps, ces grammairiens, disons-nous, ont pensé que les verbes turks devaient être rangés en deux classes ; ils ont, en conséquence, imaginé deux conjugaisons.

---

(1) Beauzée, *Grammaire générale*, tom. I, chap. IV, pag. 392.

113. En admettant cette classification, d'autres grammairiens d'une époque plus récente, ont reconnu qu'elle ne suffisait pas pour comprendre tous les cas possibles ; ils ont en conséquence porté à dix et même douze le nombre des conjugaisons turkes : il leur eût été possible d'augmenter encore ce nombre.

114. Dans cet état de choses, il nous a paru, 1° que pour faciliter l'étude des verbes turks, il convenait d'écarter toutes les distinctions inutiles, et d'exposer le système des conjugaisons en faisant sentir qu'il repose sur un petit nombre de règles générales, sauf à indiquer ensuite les exceptions et les motifs probables de ces exceptions ; 2° que la dérivation des verbes avait lieu d'après des principes uniformes, bien raisonnés et invariables ; 3° que la différence établie par les grammairiens entre la première et la seconde conjugaison des verbes n'était pas plus réelle que celle qu'ils supposaient exister entre la première et la seconde déclinaison des noms ; 4° que les diverses classifications adoptées par les grammairiens modernes étaient insuffisantes pour l'étude de la langue parlée, puisque la prononciation des mots destinés à exprimer les temps des verbes, varie selon les personnes et selon les lieux ; et inutiles pour l'étude de la langue écrite, puisque la terminaison de ces temps est soumise à des règles parfaitement identiques pour toutes les conjugaisons tant anciennes que nouvelles : vérité dont il sera facile de se convaincre par un examen attentif des paradigmes.

115. Relativement à la formation des temps, on a toujours pensé que l'infinitif, qui surtout en turk participe beaucoup de la nature du nom, était, à cause de cette propriété, le mode le plus propre à servir de type générique à la conjugaison, attendu qu'il n'est point

sujet aux diverses modifications que l'action peut éprouver relativement aux temps ou aux personnes. On a été conduit à ce résultat, d'ailleurs, par l'analogie qui semble exister entre la construction turke et la construction latine, analogie en vertu de
laquelle l'infinitif est, de tous les modes, le seul qu'on trouve dans
les lexiques.

Nous nous conformerons donc à l'usage, en considérant l'infinitif comme un mode duquel il est possible de dériver tous les
autres ; mais pour rendre nos explications plus claires, nous ne
nous interdirons pas l'emploi de divers autres modes ou temps,
et notamment celui de la seconde personne de l'impératif, qui, ne
renfermant que les lettres radicales du verbe, les conservant toujours toutes, et n'étant point, comme l'infinitif, susceptible d'ê-
tre confondu avec les noms, présente un type simple, duquel on
peut facilement faire dériver tous les modes et tous les temps.

116. Il faut considérer, dans les verbes turks, l'espèce, le mode,
le temps et la conjugaison.

CHAPITRE II.

DES DIVERSES ESPÈCES DE VERBES.

117. Les Turks dérivent leurs diverses espèces de verbes du verbe actif, au moyen de l'intercalation, tant dans l'écriture que dans le discours, d'une ou de deux lettres au plus; cette intercalation a lieu durant tout le cours de la conjugaison.

118. Le verbe passif se forme de l'actif, par l'intercalation d'un ل *lam* ou d'un ن *noun* immédiatement après la première radicale du verbe, qui n'est autre chose que la dernière lettre de la seconde personne de l'impératif. Ainsi de سومك *sevmek*, aimer, on forme سولمك *sevilmek* ou سونمك *sevinmek*, être aimé; de باقمق *baqmaq*, regarder, باقلمق *baqilmaq* ou *baqinmaq*, être regardé.

119. Le verbe négatif se forme de l'actif, par l'intercalation d'un م *mim* après la même radicale. Ex. سومك *sevmek*, aimer, سوممك *sevmemek*, ne pas aimer; باقمق *baqmaq*, regarder, باقممك *baqmamaq*, ne pas regarder.

120. Le verbe impossible se forme par l'intercalation, après la lettre م caractéristique du négatif, d'une des lettres ا ﻳ ou ى. Ex.: de يازمق *iazmaq*, écrire, on forme يازامق *iazamamaq*, ne pouvoir pas écrire; de سومك *sevmek*, aimer, سوﻩمك *seveh-memek*, ne pouvoir pas aimer; de ايچمك *itchmek*, boire, ايچيمك *itchimemek*, ne pouvoir pas boire.

121. Le verbe réciproque se forme par l'intercalation de la lettre ش. Ex. de دوكمك *dughmek*, battre, دوكشمك *dughuchmek*, se battre réciproquement; de بولمق *boulmaq*, trouver, بولوشمق *boulouchmaq*, se trouver ensemble.

122. Le verbe transitif se forme en intercalant la syllabe در
der ou *dur*, ou quelquefois la lettre ر , après la radicale. Ex.
اولمك *eulmek* , mourir, اولدرمك *euldurmek* , faire mourir,
tuer; طوغمق *doghmaq*, naître, طوغورمق *doghourmaq*, faire naître,
accoucher; اتمق *atmaq* , jeter, اتدرمق *atdermaq*, qu'on doit prononcer *attermaq* (d'après la règle exposée au paragraphe 16),
faire jeter. Le ت même suffit pour caractériser le verbe transitif.
Ex. اوقوتمق *oqoutmaq*, et non اوقودرمق *oqoudermaq*, faire lire.

123. Le verbe déponent ou réfléchi se forme par l'intercalation d'un ن après la radicale; ainsi de كورمك *ghurmek*, voir,
on forme كورنمك *ghurunmek*, se voir; et de المق *almaq*, prendre, النمق *alenmaq*, se prendre.

124. Une fois formés comme il vient d'être dit, les verbes turks
sont sujets à éprouver toutes les modifications subséquentes que
peut exiger le discours; ainsi il n'est pas rare de voir dériver un
verbe d'un verbe lui-même dérivé. Le tableau suivant donnera une
idée de ce mécanisme ingénieux, qui suppose, de la part des hommes qui l'inventèrent les premiers, des notions très-saines et des
connaissances très-positives sur la théorie du langage (1).

(1) Voyez ci-après le Tableau synoptique de la dérivation des verbes.

Du verbe actif سومك sev- mek, aimer, on fait :	LE NÉGATIF. سومك *sermemek,* ne pas aimer.	LE TRANSITIF. سودرمك *sevdurmek,* faire aimer.
	L'IMPOSSIBLE. سولامك *sevèhmemek.* ne pouvoir pas aimer.	LE NÉGATIF DU TRANSITU سودرمك *sevdurmeme* ne pas faire aimer.
		L'IMPOSSIBLE DU TRANSITI سودرلامك *sevdurèhmem* ne pas pouvoir faire aimer.

LE PASSIF.	LE RÉFLÉCHI.	LE RÉCIPROQUE.
سولمك *sevilmek*, être aimé.	سونمك *sevinmek*, s'aimer, se plaire, se réjouir.	سوشمك *sevichmek*, s'entre-aimer, s'aimer réciproquement.
LE NÉGATIF DU PASSIF. سولممك *sevilmemek*, n'être pas aimé.	**LE NÉGATIF DU RÉFLÉCHI.** سونممك *sevinmemek*, ne pas s'aimer.	**LE NÉGATIF DU RÉCIPROQUE.** سوشممك *sevichmemek*, ne pas s'aimer réciproquement.
L'IMPOSSIBLE DU PASSIF. سولدممك *sevilèhmemek*, ne pouvoir pas être aimé.	**L'IMPOSSIBLE DU RÉFLÉCHI.** سوندممك *sevinèhmemek*, ne pouvoir pas s'aimer.	**L'IMPOSSIBLE DU RÉCIPROQUE.** سوشدممك *sevichèhmemek*, ne pouvoir s'aimer réciproquement.
LE TRANSITIF DU PASSIF. سولدرمك *sevildurmek*, faire que quelqu'un soit aimé.	**LE TRANSITIF DU RÉFLÉCHI.** سوندرمك *sevindurmek*, se faire aimer.	**LE PASSIF DU RÉCIPROQUE.** سوشلمك *sevichilmek*, s'être aimés réciproquement.
	LE NÉGATIF DU PRÉCÉDENT. سوندرممك *sevindurmemek*, ne pas se faire aimer.	**LE NÉGATIF DU PRÉCÉDENT.** سوشلممك *sevichilmemek*, ne pas s'être aimés réciproquement.
	L'IMPOSSIBLE DU MÊME. سوندرممك *sevinderèhmemek*, ne pouvoir pas se faire aimer.	**L'IMPOSSIBLE DU MÊME.** سوشلمك *sevichèhlmemek*, ne pouvoir pas s'être aimés réciproq.
		LE TRANSITIF DU RÉCIPROQUE. سوشدرمك *sevichturmek*, faire qu'on s'aime réciproquement.
		LE NÉGATIF DU PRÉCÉDENT. سوشدرممك *sevichturmemek*, ne pas se faire aimer réciproquement.
		L'IMPOSSIBLE DU MÊME. سوشدرممك *sevichturèhmemek*, ne pouvoir pas se faire aimer réciproq.

125. Il est facile de se convaincre que l'infinitif d'un verbe étant donné, on peut, sans avoir recours au dictionnaire, former tous les dérivés; et réciproquement, que toutes les fois qu'on rencontre un verbe qui, outre ses radicales, contient quelqu'une des lettres ou syllabes caractéristiques de la dérivation, on peut en conclure le sens de ce verbe.

126. Cette règle néanmoins souffre quelques exceptions qui tiennent à l'usage, et qui sont la suite des modifications que le sens d'un verbe peut éprouver. Ainsi, par exemple, سونمك *sevinmek* signifie s'aimer, mais il s'emploie aussi pour dire se plaire, se réjouir.

127. D'autres fois les dérivés sont totalement inusités. Ainsi, bien que كيمك *gheïmek*, signifie s'habiller, on ne dit pas كيشمك *gheïchmek*, s'habiller réciproquement; كيتمك *ghitmek*, signifie aller, et néanmoins on dit كيدلمك *ghidilmek*, au lieu de كيدنمك *ghidenmek*, s'en aller.

128. A l'exception du négatif, tous les verbes dérivés se conjuguent régulièrement.

129. Indépendamment de ceux dont nous venons d'indiquer la formation, il existe en turc, comme dans la plupart des langues, des verbes qui dérivent du nom; ils se terminent, en général, de l'une des cinq manières suivantes, savoir: 1° en لمك *lemek*. Ex. كيجه *ghidjèh*, signifie la nuit كيجهلمك, *ghidjèhlemek*, passer la nuit; 2° en لنمك *lenmek*. Ex. شبه *chubèh*, doute, شبهلنمك *chubèhlenmek*, douter; 3° en لنمق *lanmaq*. Ex. اختيار *ikhtiár*, vieux, اختيارلنمق *ikhtiárlanmaq*, vieillir; 4° en لمق *lamaq*. Ex. ارزو *arzou*, souhait, ارزولمق *arzoulamaq*, souhaiter; et 5° en

لشق *lachmaq*. Ex. دوست *dost*, ami, دوستلاشق *dostlachmaq*, lier amitié.

130. Les verbes que les Latins nommaient inchoatifs, et qui sont destinés à exprimer un commencement d'action, se forment au moyen des verbes auxiliaires اولق *olmaq*, être, et باشلمق *bachlamaq*, commencer. Ex. اخشام اوليور *akhchâm oliour*, il se fait tard, (litt.) il se fait soir; يازمغه باشلدى *iazmaghah bachladi*, il commença à écrire, (litt.) à écrire il commença.

131. Les verbes méditatifs se rendent de diverses manières dont il est impossible de donner une idée autrement que par des exemples; ainsi, pour dire, j'ai faim, on dit قرنم اجدر *qarinum adjdur*, mon ventre est affamé, ou bien اشتهام وار *ichtihâm war*, j'ai appétit, (litt.) mon appétit il y a; صوسز ايم *sousiz im*, j'ai soif, (litt.) je suis sans eau; كوكلم استر *ghughelum ister*, j'ai envie, (litt.) mon cœur désire.

132. Les Turks font un fréquent usage de certains verbes qu'il faut considérer comme auxiliaires, lorsqu'ils sont employés concurremment avec des mots arabes et persans; les principaux d'entre ces verbes sont :

1° اولق *olmaq*, être. Ex. صادر اولق *sâdir olmaq*, être émané.

2° ايتمك ـ ايلمك *itmek* ou *eïlemek*, faire. Ex. حاضر ايتمك *hâzir itmek*, faire prêt, préparer, tenir prêt; التفات ايلمك *iltifât eïlemek*, faire cas ou estime, estimer.

3° قلمق *qelmaq*, faire. Ex. نامازقلمق *namâz qelmaq*, faire ses prières.

4° بيورمق *bouïourmaq*, ordonner (pris obséquieusement).

Ex. تشریف بیورمق *techrif, bouïourmaq*, ordonner l'enno-
blissement, faire l'honneur.

5° بولمق *boulmaq*, trouver. Ex. وجود بولمق *oudjoud-
boulmaq*, trouver l'existence, exister.

6° کلمك *ghelmek*, venir. Ex. وجوده کلمك *oudjoudèh ghelmek*, venir à l'existence, naître.

7° کوسترمك *ghustermek*, montrer. Ex. رعایت کوسترمك
ra'aïet ghustermek, montrer du respect, respecter.

8° یمك *ïemek*, manger, dévorer. Ex. غم یمك *gham ïemek*,
dévorer du chagrin, éprouver du chagrin (1).

9° چکمك *tchekmek*, retirer. Ex. ضرار چکمك *sarar tchekmek*,
retirer du dommage, éprouver du dommage.

10° کورمك *ghurmek*, voir. Ex. ایلیك کورمك *eïlik, ghurmek*,
voir un bienfait, recevoir un bienfait.

11° بلمك *bilmek*, savoir (dans le sens de pouvoir). Ex. اوله
بلور *olah bilur*, il se peut.

12° دوشمك *duchmek*, aller. Ex. اوکونه دوشمك *eughunèh
duchmek*, aller au devant.

CHAPITRE III.

PARADIGME DE LA CONJUGAISON DU VERBE SUBSTANTIF اولمق
olmaq, ÊTRE.

133. Le verbe اولمق *olmaq* offre cela de particulier, que,
lorsqu'il signifie *exister* et qu'il cesse d'être auxiliaire, sa conjugaison se régularise complètement.

---

(1) Cette métaphore populaire existe également en chinois. Voyez la grammaire de cette langue par M. Abel-Rémusat, 11° partie, page 139.

134. Le verbe substantif اولق *olmaq*, être, entre comme auxiliaire dans la conjugaison des autres verbes. Nous allons donner le paradigme de sa conjugaison, en invitant le lecteur à remarquer que les temps irréguliers sont désignés par un astérisque(*), et que partout ailleurs le verbe reparaît dans sa simplicité primitive.

CONJUGAISON

m

CONJUGAISON DU VERBE اولمق *olmaq*, ÊTRE.

—

INDICATIF.

PRÉSENT (*).

ايم   *ïm*, je suis.

سن   *sen*, tu es.

در   *dɯr* ou *der*, il est.

ايز   *iz*, nous sommes.

سز   *siz*, vous êtes.

درلر   *durler* ou *derler*, ils sont.

PRÉTÉRIT et IMPARFAIT (*).

ايدم   *idum*, j'étais, j'ai été, je fus.

ايدك   *iduñ*, tu étais, tu as été, tu fus.

ايدى   *idi*, il était, il a été, il fut.

ايدك   *iduk*, nous étions, nous avons été, nous fûmes.

ايدكز   *ideñiz*, vous étiez, vous avez été, vous fûtes.

ايديلر   *idiler*, ils étaient, ils ont été, ils furent.

SECOND PRÉTÉRIT et IMPARFAIT (*).

ايـشم   *imichem*, j'étais, j'ai été, je fus.

ايـشسن   *imichsen*, tu étais, tu as été, tu fus.

ايـشدر *ou* ايـش   *imichdur* ou *imich*, il était, il a été, il fut.

ايـشز   *imichiz*, nous étions, nous avons été,

nous fûmes.

ايـشسز   *imichsiz*, vous étiez, vous avez été,

vous fûtes.

ايـشلردر   *imichlerdur*, ils étaient, ils ont été,

ils furent.

PRÉTÉRIT ANTÉRIEUR.

اولمش ايدم   *olmich idum*, j'avais été.

اولمش ايدك   *olmich iduñ*, tu avais été.

اولمش ايدى   *olmich idi*, il avoit été.

اولمش ايدك   *olmich iduk*, nous avions été.

اولمش ايدكز   *olmich ideñiz*, vous aviez été.

اولمش ايديلر   *olmich idiler*,   ⎫

ou

اولمشلر ايدى   *olmichler idi*,   ⎬ ils avaient été.

ғuтur (comme le présent du verbe exister).

اولورم *olourum* , je serai.

اولورسن *oloursen* , tu seras.

اولور *olour* , il sera.

اولورز *olouruz* , nous serons.

اولورسز *oloursiz* , vous serez.

اولورلر *olourler* , ils seront.

IMPÉRATIF.

اول *ol* , sois.

أولسون *olsun* , qu'il soit.

اولالم *olalum* , soyons.

اولكز *ou* اولك *olouñuz* ou *olouñ* , soyez.

اولسونلو *olsunler* , qu'ils soient.

SUPPOSITIF.

PRÉSENT et IMPARFAIT.

اولوردم   *olourdum*, je serais.

اولوردك   *olourduñ*, tu serais.

اولوردی   *olourdi*, il serait.

اولوردق   *olourduq*, nous serions.

اولوردكز   *olourdeñiz*, vous seriez.

اولورلردی   *olourlerdi*, ils seraient.

PRÉTÉRIT.

اولورمشیدم   *olourmich idum*, j'aurais été.

اولورمیشدك   *olourmich iduñ*, tu aurais été.

اولورمشیدی   *olourmich idi*, il aurait été.

اولورمشیدك   *olourmich iduk*, nous aurions été.

اولورمشیدكز   *olourmich ideñiz*, vous auriez été.

اولورمش ایدیلر   *olourmich idiler*,
ou
اولورمشلر ایدی   *olourmichler idi*, } ils auraient été.

OPTATIF.

PRÉSENT et IMPARFAIT.

كشكه اولايدم <i>kechkèh</i>(1) <i>olaïdum</i>, plaise à Dieu que je sois, <i>ou</i> plût à Dieu que je fusse.

كشكه اولايدك <i>kechkèh olaïduñ</i>, que tu sois, <i>ou</i> que tu fusses.

كشكه اولايدى <i>kechkèh olaïdi</i>, qu'il soit, <i>ou</i> qu'il fût.

كشكه اولايدق <i>kechkèh olaïduq</i>, que nous soyons <i>ou</i> que nous fussions.

كشكه اولايدكز <i>kechkèh olaïdeñiz</i>, que vous soyez, <i>ou</i> que vous fussiez.

كشكه اولالرايدى <i>kechkèh olaler idi</i>, qu'ils soient <i>ou</i> qu'ils fussent.

PRÉTÉRIT.

كشكه اولمش اولام <i>kechkèh olmich olam</i>, plaise à Dieu que j'aie été.

كشكه اولمش اولاسن <i>kechkèh olmich olasen</i>, que tu aies été.

---

(1) On écrit et l'on prononce aussi كاشكى <i>kiachki</i>.

كشكه اولمش اولا *kechkèh olmich ola*, qu'il ait été.

كشكه اولمش اولاوز *kechkèh olmich olaouz*, que nous ayons été.

كشكه اولمش اولاسز *kechkèh olmich olasis*, que vous ayez été.

كشكه اولمش اولالر *kechkèh olmich olaler*, qu'ils aient été.

PRÉTÉRIT ANTÉRIEUR.

كشكه اولمش اولايدم *kechkèh olmich olaïdum*, plût à Dien que j'eusse été.

كشكه اولمش اولايدث *kechkèh olmich olaïduñ*, que tu eusses été.

كشكه اولمش اولايدى *kechkèh olmich olaïdi*, qu'il eût été.

كشكه اولمش اولايدق *kechkèh olmich olaïduq*, que nous eussions été.

كشكه اولمش اولايدكز *kechkèh olmich olaïdeñiz*, que vous eussiez été.

كشكه اولمش اولالرايدى *kechkèh olmich olaler idi*, qu'ils eussent été.

FUTUR.

كشكه اولام   *kechkèh olam*, plaise à Dieu que je sois.

كشكه اولاسن   *kechkèh olasen*, que tu sois.

كشكه اولا   *kechkèh ola*, qu'il soit.

كشكه اولاوز   *kechkèh olaouz*, que nous soyons.

كشكه اولاسز   *kechkèh olasiz*, que vous soyez.

كشكه اولالر   *kechkèh olaler*, qu'ils soient.

SUBJONCTIF.

PRÉSENT et FUTUR(*).

اكر ايسم   *eghier issam*, si je suis.

اكر ايسك   *eghier issañ*, si tu es.

اكر ايسه   *eghier issa*, s'il est.

اكر ايسك   *eghier issek*, si nous sommes.

اكر ايسكز   *eghier isseñiz*, si vous êtes.

اكر ايسه لر   *eghier issaler*, s'ils sont.

اكر اولسيدم
ou
ايسيدم ،

eghier olsaïdum, si j'étais, *ou* si j'a-
issaïdum, vais été.

اكر اولسيدك *eghier olsaïduñ,* si tu étais, *ou* si tu
avais été.

اكر اولسيدى *eghier olsaïdi,* s'il était, *ou* s'il avait été.

اكر اولسيدق *eghier olsaïduq,* si nous étions, *ou* si
nous avions été.

اكر اولسيدكز *eghier olsaïdeñiz,* si vous étiez, *ou* si
vous aviez été.

اكر اولسيديلر *eghier olsaïdiler,* s'ils étaient, *ou* s'ils
avaient été.

PRÉTÉRIT.

اكر اولمش ايسم *eghier olmich issam,* si j'ai été.

اكر اولمش ايسك *eghier olmich issañ,* si tu as été.

اكر اولمش ايسه *eghier olmich issa,* s'il a été.

اكر اولمش ايسك *eghier olmich issek,* si nous avons été.

اكر اولمش ايسكز *eghier olmich isseñiz,* si vous avez été.

اكر اولمش ايسهلر *eghier olmich issaler,* s'ils ont été.

n

SECOND FUTUR.

اكر اولمش اولورم   *eghier olmich olourum*, si je suis.

اكر اولمش اولورسن   *eghier olmich oloursen*, si tu es.

اكر اولمش اولور   *eghier olmich olour*, s'il est.

اكر اولمش اولورز   *eghier olmich olourouz*, si nous sommes.

اكر اولمش اولورسز   *eghier olmich oloursiz*, si vous êtes.

اكر اولمش اولورلر   *eghier olmich olourler*, s'ils sont.

INFINITIF.

اولمق   *olmaq*, être.

GÉRONDIFS.

ایكن   *iken*, étant, en étant (*).

اولوب   *oloup*, ayant été.

اوليجق   *olidjaq*, devant être.

اولنجه   *oloundjèh*, tandis qu'.... est, *ou* jus-

qu'uà ce qu'.... soit.

PARTICIPE PRÉSENT.

اولان *oldn*, étant, qui est.

PARTICIPES PASSÉS.

اولمش *olmich*,

ايمش *imich* (*),   } qui a été.

اولدق *oldouq*,

PARTICIPES FUTURS.

اولاجق *oladjaq*, qui sera.

اوللو *olmalu*, qui doit être *nécessaire-ment* (1).

---

(1) Pour les autres formes de gérondifs et de participes, voyez le Paradigme de la conjugaison des verbes réguliers.

CHAPITRE IV.

DE LA FORMATION DES MODES ET DES TEMPS.

135. L'indicatif présent du verbe substantif se forme irrégu-
lièrement ; il n'est donc pas possible de dériver ce temps de la seconde personne de l'impératif, ni d'aucun autre temps : il est simple et entre comme élément dans la formation de divers modes.

136. L'imparfait et le parfait sont également irréguliers.

137. La première question qui se présente relativement aux
deux imparfaits, est celle de savoir pourquoi l'on emploie deux
formes différentes pour *exprimer le même temps d'un verbe*. La réponse à cette question est qu'il n'y a pas identité complète entre
ces deux temps de premier et de second imparfait : le premier sert
à indiquer que l'action a eu lieu récemment ; le second, qu'elle a
eu lieu à une époque plus éloignée. On les emploie pour donner
au discours plus ou moins de rapidité, et on les confond même
quelquefois, comme quand nous confondons, en français, le futur
avec le présent, en disant, *je vais* pour *j'irai demain à la campa-
gne*. Le 2ᵉ imparfait se forme du participe passé ايمش *imich*,
et de l'indicatif présent ايم *ïm*, exactement de la même manière
qu'en italien *sono stato*. La signification de ce dernier temps est
plus fréquemment celle du passé que celle de l'imparfait.

138. Le futur du verbe substantif اولمق *olmaq*, être, est
le même que le présent du verbe méditatif اولمق *olmaq*, exister ;
il se forme donc régulièrement. Rien n'est plus commun en turk
que d'employer le futur pour le présent, et réciproquement le présent pour le futur, par la raison indiquée plus haut (nº 137).
Néanmoins, lorsque l'on veut préciser le temps de l'action au pré-

sent, on se sert du futur avec l'intercalation d'un ى, qui se place entre le ل et le وم; ex. اوليورم olïouroum, je suis *actuellement*. Quand il s'agit d'exprimer positivement le futur, on se sert du participe futur اولاجـق oladjaq, qui sera, devant être, combiné avec l'indicatif présent du verbe substantif ايم im; ainsi l'on dit :

اولاجم   oladjaghïm, je serai *ou* je dois être.

اولاجقسن   oladjaqsen, tu seras *ou* tu dois être.

اولاجقدر   oladjaqdur, il sera *ou* il doit être.

اولاجغز   oladjaghiz, nous serons *ou* nous devons être.

اولاجقسز   oladjaqsiz, vous serez *ou* vous devez être.

اولاجقدرلر   oladjaqdurler, ils seront *ou* ils doivent être.

139. L'impératif se forme régulièrement, et la seconde personne de ce mode (اول ol) entre nécessairement dans la formation des modes et temps réguliers. C'est ainsi que le temps qui vient de nous occuper (le futur), se forme de la seconde personne de l'impératif, par l'addition de la terminaison ورم ourum. A l'exception du présent du subjonctif et du gérondif ايكن iken, tous les modes et temps subséquents de ce verbe sont dérivés de اولمق olmaq, exister, et se conjuguent régulièrement.

CHAPITRE V.

PARADIGME DU VERBE NÉGATIF أولمـق *olmamaq*, NE PAS ÊTRE.

140. Le négatif du verbe أولمق *olmaq* se forme, comme tous
les autres négatifs, par l'intercalation d'un م après la seconde personne de l'impératif (voyez ci-dessus n° 119); néanmoins, dans
les temps que nous avons désignés sous la dénomination d'irréguliers, ce négatif se conjugue comme l'affirmatif précédé de la
particule négative دكل *deghil.*

Nous allons donner le paradigme de ces temps; il sera facile
au lecteur de former les temps réguliers, au moyen de la règle précédente.

CONJUGAISON DES TEMPS IRRÉGULIERS DU VERBE NÉGATIF اولمق olmamaq, NE PAS ÊTRE.

INDICATIF.

PRÉSENT (*).

دكلم *deghil im*, je ne suis pas.

دكلسن *deghil sen*, tu n'es pas.

دكلدر *deghil dur*, il n'est pas.

دكلز *deghil iz*, nous ne sommes pas.

دكلسز *deghil siz*, vous n'êtes pas.

دكللردر *deghil lerdur*, ils ne sont pas.

IMPARFAIT ET PRÉTÉRIT (*).

دكل ايدم *deghil idum*, je n'étais pas *ou* je n'ai pas
été.

دكل ايدك *deghil iduñ*, tu n'étais pas *ou* tu n'as pas
été.

دكل ايدى   *deghil idi*, il n'était pas *ou* il n'a pas été.

دكل ايدك   *deghil iduk*, nous n'étions pas *ou* nous n'avons pas été.

دكل ايدكز   *deghil ideñiz*, vous n'étiez pas *ou* vous n'avez pas été.

دكل ايديلر   *deghil idiler*, ils n'étaient pas *ou* ils n'ont pas été.

SECOND IMPARFAIT ET PRÉTÉRIT (*).

دكل يمشم   *deghil imichum*, je n'étais pas *ou* je n'ai pas été.

دكل يمشسن   *deghil imichsen*, tu n'étais pas *ou* tu n'as pas été.

دكل يمشدر   *deghil imichdur*, il n'était pas *ou* il n'a pas été.

دكل يمشز   *deghil imichiz*, nous n'étions pas *ou* nous n'avons pas été.

دكل يمشسز *deghil imichsiz*, vous n'étiez pas *ou* vous n'avez pas été.

دكل يمشلردر *deghil imichlerdur*, ils n'étaient pas *ou* ils n'ont pas été.

SUBJONCTIF.

PRÉSENT et FUTUR.

دكل يسم *deghil issam* , si je ne suis pas.

دكل يسك *deghil issañ*, si tu n'es pas.

دكل يسه *deghil issa* , s'il n'est pas.

دكل يسك *deghil issek*, si nous ne sommes pas.

دكل يسكز *deghil isseñiz*, si vous n'êtes pas.

دكل يسلر *deghil issaler*, s'ils ne sont pas.

IMPARFAIT.

دكل ايتيدم *deghil issaïdum*, si je n'étais pas.

دكل ايسيدك *deghil issaïduñ*, si tu n'étais pas.

o

دكل ايسيدى   *deghil issaïdi*, s'il n'était pas.

دكل ايسيدك   *deghil issaïduk*, si nous n'étions pas.

دكل ايسيدكز   *deghil issaïdeñiz*, si vous n'étiez pas.

دكل ايسيديلر   *deghil issaïdiler*, s'ils n'étaient pas.

GÉRONDIF.

دكل ايكن   *deghil iken*, n'étant pas.

Les autres temps du verbe négatif appartiennent au verbe régulier اولمق *olmamaq*, ne pas être, ne pas exister, et se conjuguent régulièrement.

CHAPITRE VI.

PARADIGME DES VERBES DE LA TROISIÈME PERSONNE واردر *wardur*,
IL Y A, ET يوقدر *ïoqdur*, IL N'Y A PAS.

141. Quoique toutes les anomalies qu'offre la conjugaison de ces deux verbes puissent s'expliquer au moyen du paradigme qui précède, cependant comme l'emploi de ces verbes est très-fréquent, nous allons en donner les temps irréguliers; les autres sont empruntés des verbes اولمق *olmaq*, être, exister, et اولمق *olmamaq*, ne pas être.

TEMPS

TEMPS IRRÉGULIERS DES VERBES وار در *wardur*, IL Y A, ET يوق، يوقدر *ioqdur*, IL N'Y A PAS.

INDICATIF.

PRÉSENT.

وار	*war,*	} il y a.	يوق	*ioq,*	} il n'y a pas.
وار در	*wardur,*		يوقدر	*ioqdur,*	

PRÉTÉRIT OU IMPARFAIT.

واريدی	*waridi,*	} il y avait ou il y eut.	يوغيدی	*ioghidi,*	} il n'y avait pas ou il n'y eut pas.
واريمش	*warimich,*		يوغيمش	*ioghimich,*	

SUBJONCTIF.

PRÉSENT.

وار ایسه   *warissa*, s'il y a. | یوغسه   *ïoghïssa*, s'il n'y a pas.

PRÉTÉRIT OU IMPARFAIT.

وار ایسیدی   *warsaïdi*, s'il y avait eu. | یوغسیدی   *ïoghsaïdi*, s'il n'y avait pas eu.

GÉRONDIF.

وار ایکن   *wariken*, y ayant. | یوغیکن   *ïoghiken*, n'y ayant pas.

142. Il résulte de ce paradigme que les troisièmes personnes du singulier tant au mode indicatif qu'au subjonctif, et le gérondif du verbe substantif, joints aux particules وار *war* et يوق *ïoq*, expriment l'existence ou la non existence de l'objet ou de l'action aux temps ci-dessus indiqués.

CHAPITRE VII.

DE LA CONJUGAISON DES VERBES RÉGULIERS.

143. On s'est déterminé à donner d'abord la conjugaison du verbe substantif, bien que, de tous les verbes turks, il soit à peu près le seul anomal, parce que ce verbe entre comme élément nécessaire dans la composition des temps de tous les autres. On espère démontrer que ceux-ci présentent dans leurs modes une parfaite régularité.

144. La distinction établie entre la première et la seconde conjugaison serait juste, s'il existait en turk comme en français des différences notables de terminaisons entre les principaux modes et temps des verbes, et notamment entre celles des seuls infinitifs. On conçoit, en effet, qu'il ne serait pas possible, sans tomber dans une extrême confusion, de ranger dans la même classe deux verbes tels qu'*aimer* et *voir*, dont l'infinitif, les prétérits et les participes se terminent d'une manière si différente; mais en jetant les yeux sur le paradigme des verbes turks, on voit que les désinences des infinitifs sont constamment analogues, et que tous les autres modes et temps dépendent du même système, sont subordonnés aux mêmes règles, et affectent les mêmes terminaisons.

145. Nous disons que tous les infinitifs se terminent d'une manière analogue; et quelles lettres, en effet, présentent dans leur prononciation une analogie plus remarquable que le ک caractéristique de l'infinitif (en مك mek) de la première conjugaison, et le ق caractéristique de l'infinitif (en مق maq) de la seconde?

146. Nous ne craignons donc pas d'avancer que les anomalies relatives des conjugaisons turkes tiennent entièrement à l'euphonie; c'est ce dont on pourra se convaincre par l'étude des paradigmes ci-joints, dans lesquels se trouvent réunis et placés en regard deux verbes, dont l'un appartient à la première, et l'autre à la seconde conjugaison.

CONJUGAISON.

DES VERBES TERMINÉS EN. مك .

———

INDICATIF.

PRÉSENT.

سورم	*severum ,*	j'aime.
سورسن	*seversen ,*	tu aimes.
سور	*sever ,*	il aime.
سورز	*severuz ,*	nous aimons.
سورسز	*seversiz ,*	vous aimez.
سورلر	*severler ,*	ils aiment.

SECOND PRÉSENT.

سوٰیبورم ou سوٰبورم	*seveïurum ,*	j'aime (*actuellement*).
سوبورسن	*seveïursen ,*	tu aimes.
سوبور	*seveïur ,*	il aime.
سوبورز	*seveïuruz,*	nous aimons.
سوبورسز	*seveïursiz,*	vous aimez.
سوبورلر	*seveïurler ,*	ils aiment.

CONJUGAISON

DES VERBES TERMINÉS EN مق.

INDICATIF.

PRÉSENT.

باقرم ou بقوم	*baqarum,*	je regarde.
باقرسن	*baqarsen,*	tu regardes.
باقر	*baqar,*	il regarde.
باقرز	*baqaruz,*	nous regardons.
باقرسز	*baqarsiz,*	vous regardez.
باقرلر	*baqarler,*	ils regardent.

SECOND PRÉSENT.

بقيورم ou باقديورم	*baqaïurum,*	je regarde (*actuellem.*).
باقيورسن	*baqaïursen,*	tu regardes.
باقيور	*baqaïur,*	il regarde.
باقيورز	*baqaïuruz,*	nous regardons.
باقيورسز	*baqaïursiz,*	vous regardez.
باقيورلر	*baqaïurler,*	ils regardent.

P

CONJUGAISON

DES VERBES TERMINÉS EN مك.

IMPARFAIT.

سورايدم ou سوردم	*severidum,* *severdum,*	} j'aimais.
سوردك	*severduñ,*	tu aimais.
سوردى	*severdi,*	il aimait.
سوردك	*severduk,*	nous aimions.
سوردكز	*severdeñiz,*	vous aimiez.
سورلرايدى ou سورديلر	*severleridi,* *severdiler,*	} ils aimaient.

SECOND IMPARFAIT (*peu usité*).

سويوردم	*seveïurdum,*	j'aimais (*alors que*).
سويوردك	*seveïurduñ,*	tu aimais.
سويوردى	*seveïurdi,*	il aimait.
سويوردك	*seveïurduk,*	nous aimions.
سويوردكز	*seveïurdeñiz,*	vous aimiez.
سويورديلر	*seveïurdiler,*	ils aimaient.

CONJUGAISON

DES·VERBES TERMINÉS EN مق.

IMPARFAIT.

بقرايدم ou باقردم	*baqaridum,* *baqardum,*	je regardais.
باقردك	*baqarduñ,*	tu regardais.
باقردى	*baqardi,*	il regardait.
باقردق	*baqarduq,*	nous regardions.
باقردكز	*baqardiñiz,*	vous regardiez.
باقرلرايدى ou باقرديلر	*baqarleridi,* *baqardiler,*	ils regardaient.

SECOND IMPARFAIT (*peu usité*).

باقيوردم ou بقيوردم	*baqaïurdum,*	je regardais (*alors que*).
باقيوردك	*baqaïurduñ,*	tu regardais.
باقيوردى	*baqaïurdi,*	il regardait.
باقيوردق	*baqaïurduq,*	nous regardions.
باقيوردكز	*baqaïurdiñiz,*	vous regardiez.
باقيورديلر	*baqaïurdiler,*	ils regardaient.

CONJUGAISON

TROISIÈME IMPARFAIT.

سورايمشم ou سورمشم	severimichum, severmichum,	}j'aimais (quelquefois).
سورمشسن	severmichsen,	tu aimais.
سورمشدر ou سورمش	severmichdur, severmich,	}il aimait.
سورمشز	severmichiz,	nous aimions.
سورمشسز	severmichsiz,	vous aimiez.
سورلرايمش ou سورمشلر	severler imich, severmichler,	}ils aimaient

PRÉTÉRIT.

سودم	sevdum,	j'aimai.
سودك	sevduñ,	tu aimas.
سودى	sevdi,	il aima.
سودك	sevduk,	nous aimâmes.
سودكز	sevdiñiz,	vous aimâtes.
سوديلر	sevdiler,	ils aimèrent.

CONJUGAISON

TROISIÈME IMPARFAIT.

بقرايبشم ou	*baqarimichum,*	je regardais (*quelquef.*).
باقرمشم	*baqarmichum,*	
باقرمشسن	*baqarmichsen,*	tu regardais.
باقرمشدر ou	*baqarmichdur,*	il regardait.
بقرمش	*baqarmich,*	
باقرمشز	*baqarmichiz,*	nous regardions.
باقرمشسز	*baqarmichsiz,*	vous regardiez.
باقرلرايبش ou	*baqarler imich,*	ils regardaient.
باقرمشلر	*baqarmichler,*	

PRÉTÉRIT.

باقدم *ou* بقدم	*baqtum,*	je regardai.
باقدك	*baqtuñ,*	tu regardas.
باقدى	*baqti,*	il regarda.
باقدق	*baqtuq,*	nous regardâmes.
باقدكز	*baqtiñiz,*	vous regardâtes.
باقديلر	*baqtiler,*	ils regardèrent.

CONJUGAISON

DES VERBES TERMINÉS EN مك.

SECOND PRÉTÉRIT.

سومشم	*sevmichum*,	j'ai aimé.
سومشسن	*sevmichsen*,	tu as aimé.
سومشدر	*sevmichdur*,	il a aimé.
سومشز	*sevmichiz*,	nous avons aimé.
سومشسز	*sevmichsiz*,	vous avez aimé.
سومشلر	*sevmichler*,	ils ont aimé.

TROISIÈME PRÉTÉRIT.

سومش اولدم	*sevmich oldum*,	j'ai (*quelquefois*) aimé.
سومش اولدك	*sevmich olduñ*,	tu as aimé.
سومش اولدى	*sevmich oldi*,	il a aimé.
سومش اولدق	*sevmich olduq*,	nous avons aimé.
سومش اولدكز	*sevmich oldeñiz*,	vous avez aimé.
سومش اولديلر	*sevmich oldiler*,	ils ont aimé.

CONJUGAISON

DES VERBES TERMINÉS EN منق.

SECOND PRÉTÉRIT.

باقمشم *ou* بقشم	*baqmichum,*	j'ai regardé.
باقمشسن	*baqmichsen,*	tu as regardé.
باقمشدر	*baqmichdur,*	il a regardé.
باقمشز	*baqmichiz,*	nous avons regardé.
باقمشسز	*baqmichsiz,*	vous avez regardé.
باقمشلر	*baqmichler,*	ils ont regardé.

TROISIÈME PRÉTÉRIT.

باقمش اولدم	*baqmich oldum,*	j'ai (*quelquef.*) regardé.
باقمش اولدك	*baqmich olduñ,*	tu as regardé.
باقمش اولدى	*baqmich oldi,*	il a regardé.
باقمش اولدق	*baqmich olduq,*	nous avons regardé.
باقمش اولدكز	*baqmich oldeñiz,*	vous avez regardé.
باقمش اولديلر	*baqmich oldiler,*	ils ont regardé.

CONJUGAISON

DES VERBES TERMINÉS EN مك.

PRÉTÉRIT ANTÉRIEUR.

سومشيدم	*sevmichidum*,	j'avais aimé.
سومشيدكث	*sevmichiduñ*,	tu avais aimé.
سومشيدى	*sevmichidi*,	il avait aimé.
سومشيدك	*sevmichiduk*,	nous avions aimé.
سومشيدكز	*sevmichidiñiz*,	vous aviez aimé.
سومشلرابدى	*sevmichleridi*,	ils avaient aimé.
ou		
سومش ايديلر	*sevmich idiler*,	

PRÉTÉRIT POSTÉRIEUR.

سومش اولورم	*sevmich olourum*,	j'aurai aimé.
سومش اولورسن	*sevmich olours"eñ*,	tu auras aimé.
سومش اولور	*sevmich olour*,	il aura aimé.
سومش اولورز	*sevmich olourouz*,	nous aurons aimé.
سومش اولورسز	*sevmich oloursiz*,	vous aurez aimé.
سومش اولورلز	*sevmich olourler*,	ils auront aimé.

CONJUGAISON

DES VERBES TERMINÉS EN ق.

─────

. PRÉTÉRIT ANTÉRIEUR.

باقمشيدم ou بقمشيدم	*baqmichidum,*	j'avais regardé.
باقمشيدك	*baqmichiduñ,*	tu avais regardé.
باقمشيدى	*baqmichidi,*	il avait regardé.
باقمشيدق	*baqmichiduq,*	nous avions regardé.
باقمشيدكز	*baqmichidiñiz,*	vous aviez regardé.
باقمشلرايدى ou باقمشيدابديلر	*baqmichleridi,* *baqmich idiler,*	ils avaient regardé.

PRÉTÉRIT POSTÉRIEUR.

باقمش اولورم	*baqmich olourum,*	j'aurai regardé.
باقمش اولورسن	*baqmich oloursen,*	tu auras regardé.
باقمش اولور	*baqmich olour,*	il aura regardé.
باقمش اولوروز	*baqmich olourouz,*	nous aurons regardé.
باقمش اولورسز	*baqmich oloursiz,*	vous aurez regardé.
باقمش اولورلر	*baqmich olourler,*	ils auront regardé.

CONJUGAISON

DES VERBES TERMINÉS EN مك.

———

FUTUR. (*Comme le Présent.*)

سورم   *severum,*   j'aimerai, etc.

SECOND FUTUR.

سوجکم ou سوجک ايم	*sevedjeghim,*	je dois aimer.
سوجکسن	*sevedjeksen,*	tu dois aimer.
سوجکدر	*sevedjektur,*	il doit aimer.
سوجکیز	*sevedjeghiz,*	nous devons aimer.
سوجکسز	*sevedjeksiz,*	vous devez aimer.
سوجکلردر	*sevedjeklerdur,*	ils doivent aimer.

CONJUGAISON

DES VERBES TERMINÉS EN مق.

———

FUTUR. (*Comme le Présent.*)

باقرم ou بقرم   *baqarum,*   je regarderai, etc.

SECOND FUTUR.

بقيق ايم ou باقجغيم	*baqadjaghim,*	je dois regarder.
باقجقسن	*baqadjaqsen,*	tu dois regarder.
باقجقد،	*baqadjaqtur,*	il doit regarder.
باقجغيز	*baqadjaghiz,*	nous devons regarder.
باقجقسز	*baqadjaqsiz,*	vous devez regarder.
باقجقلردر	*baqadjaqlerdur,*	ils doivent regarder.

CONJUGAISON,

TROISIÈME FUTUR.

سوملوايم	*sevmelu ïm,*	j'aimerai (*nécess'*).
سوملوسن	*sevmelu sen,*	tu aimeras.
سوملودر	*sevmelu dur,*	il aimera.
سوملوايز	*sevmelu iz,*	nous aimerons.
سوملوسز	*sevmelu siz,*	vous aimerez.
سوملودرلر	*sevmelu durler,*	ils aimeront.

IMPÉRATIF.

سو	*sev,*	aime.
سوسون	*sevsun,*	qu'il aime.
سوةلم	*sevelum,*	aimons.
سوكز ou سوك	*seveñiz ou seveñ,*	aimez.
سوسونلر	*sevsunler,*	qu'ils aiment.

CONJUGAISON

DES VERBES TERMINÉS EN قم.

TROISIÈME FUTUR.

باقملوز ou بقملوايم	*baqmalu ïm,*	je regarderai (*nécess*).
باقملوسن	*baqmalu sen,*	tu regarderas.
باقملودر	*baqmalu dur,*	il regardera.
باقملوابز	*baqmalu iz,*	nous regarderons.
باقملوسز	*baqmalu siz,*	vous regarderez.
باقملودرلر	*baqmalu durler,*	ils regarderont.

IMPÉRATIF.

باق ou بق	*baq,*	regarde.
باقسون	*baqsun,*	qu'il regarde.
باقلم	*baqalum,*	regardons.
باقكز ou باقك	*baqeñiz, ou baqeñ,*	regardez.
باقسونلر	*baqsunler,*	qu'ils regardent.

CONJUGAISON

DES VERBES TERMINÉS EN مك.

SUPPOSITIF.

PRÉSENT. (*Comme l'Imparfait de l'Indicatif.*)

سوردم   *severdum*,   j'aimerais, etc.

PRÉTÉRIT. (*Terminé comme le Prétérit de l'Indicatif.*)

سور مشيدم   *severmichidum*,   j'aurais aimé, etc.

SECOND PRÉTÉRIT. (*Peu usité.*)

سومش اولوردم	*sevmich olourdum*,	j'aurais aimé.
سومش اولوردك	*sevmich olourduñ*,	tu aurais aimé.
سومش اولـوردى	*sevmich olourdi*,	il aurait aimé.
سومش اولوردق	*sevmich olourduq*,	nous aurions aimé.
سومش اولوركز	*sevmich olourdeñiz*,	vous auriez aimé.
سومش اولورلرايدى	*sevmich olourleridi*,	
ou		} ils auraient aimé.
سومش اولوردیلر	*sevmich olourdiler*,	

CONJUGAISON

DES VERBES TERMINÉS EN مق.

SUPPOSITIF.

PRÉSENT. (*Comme l'Imparfait de l'Indicatif.*)

باقردم ou بقردم   *baqardum*,   je regarderais, etc.

PRÉTÉRIT. (*Terminé comme le Prétérit de l'Indicatif.*)

باقرمشيدم   *baqarmichidum*,   j'aurais regardé, etc.

SECOND PRÉTÉRIT. (*Peu usité.*)

باقمش اولوردم   *baqmich olourdum*,   j'aurais regardé.

باقمش اولوردك   *baqmich olourduñ*,   tu aurais regardé.

باقمش اولوردى   *baqmich olourdi*,   il aurait regardé.

باقمش اولوردق   *baqmich olourduq*,   nous aurions regardé.

باقمش اولوردكز   *baqmich olourdeñiz*,   vous auriez regardé.

باقمش اولورلرايدى   *baqmich olourleridi*,

ou

باقمش اولورديلر   *baqmich olourdiler*,   ils auraient regardé.

CONJUGAISON

DES VERBES TERMINÉS EN مك.

OPTATIF.

PRÉSENT et FUTUR.

كاشكى kiachki, كشكه kechkèh ou بولايكى boulaïki, plaise à Dieu que	سوم sevem, ou سوكايم seveïm,	j'aime.
	سوكاسن sevesen,	tu aimes.
	سوك sevèh,	il aime.
	سوكايز seveïz, ou سوكوز seveouz,	nous aimions.
	سوكاسز sevesiz,	vous aimiez.
	سوكلر seveler,	ils aiment.

IMPARFAIT.

كشكه kechkèh, ou بولايكى boulaïki, plût à Dieu que	سويدم seveïdum,	j'aimasse.
	سويدك seveïduñ,	tu aimasses.
	سويدى seveïdi,	il aimât.
	سويدك seveïduk,	nous aimassions.
	سويدكز seveïdiñiz,	vous aimassiez.
	سويديلر seveïdiler, ou سوكلرايدى seveleridi,	ils aimassent.

CONJUGAISON
DES VERBES TERMINÉS EN مق.

———

OPTATIF.

PRÉSENT et FUTUR.

كاشكی kiachki, كشكه kechkèh, ou بولايكی boulaiki, plaise à Dieu que	باقم ou بقم ou	baqam,	je regarde.
	باقهيم	baqaïm,	
	باقهسن	baqasen,	tu regardes.
	باقه	baqah,	il regarde.
	باقهيز	baqaïz,	nous regardions.
	باقهوز ou	baqaouz,	
	باقهسز	baqasiz,	vous regardiez.
	باقهلر	baqqler,	ils regardent.

IMPARFAIT.

كشكه kechkèh, ou بولايكی boulaïki, plût à Dieu que	باقيدم ou بقيدم	baqaïdum,	je regardasse.
	باقيدك	baqaïduñ,	tu regardasses.
	باقيدی	baqaïdi,	il regardât.
	باقيدق	baqaïduq,	nous regardassions.
	باقيدكز	baqaïdeñiz,	vous regardassiez.
	باقيديلر	baqaïdiler,	ils regardassent.
	باقهلرايدی	baqaleridi,	

r

CONJUGAISON

DES VERBES TERMINÉS EN مك.

PRÉTÉRIT.

كشكه *kechkèh* ou بولايكی *boulaïki*, plût à Dieu que	سومش اولام , *sevmich olam*,	j'aie aimé.
	سومش اولاسن *sevmich olasen*,	tu aies aimé.
	سومش اولا *sevmich ola*,	il ait aimé.
	سومش اولاوز , *sevmich olaouz*,	nous ayons aimé.
	سومش اولاسز *sevmich olasiz*,	vous ayez aimé.
	سومش اولالر *sevmich olaler*,	ils aient aimé.

PRÉTÉRIT ANTÉRIEUR.

كشكه *kechkèh* ou بولايكی *boulaïki*, plût à Dieu que	سومش اولايدم *sevmich olaïdum*,	j'eusse aimé.
	سومش اولايدك *sevmich olaïduñ*,	tu eusses aimé.
	سومش اولايدی *sevmich olaïdi*,	il eût aimé.
	سومش اولايدق *sevmich olaïduq*,	nous eussions aimé.
	سومش اولايدكز *sevmich olaïdeñiz*,	vous eussiez aimé.
	سومش اولالرايدی *sevmich olaleridi*, ou سومش اولايدلر *sevmich olaïdiler*,	ils eussent aimé.

CONJUGAISON

DES VERBES TERMINÉS EN مق.

PRÉTÉRIT.

كشكه *kechkèh* ou بولايكی *boulaïki,* plût à Dieu que	باقمش اولام	*baqmich olam,*	j'aie regardé.
	باقمش اولاسن	*baqmich olasen,*	tu aies regardé.
	باقمش اولا	*baqmich ola,*	il ait regardé.
	باقمش اولاوز	*baqmich olaouz,*	nous ayons regardé.
	باقمش اولاسز	*baqmich olasis,*	vous ayez regardé.
	باقمش اولالر	*baqmich olaler,*	ils aient regardé.

PRÉTÉRIT ANTÉRIEUR.

كشكه *kechkèh* ou بولايكی *oulaïki,* plût à Dieu que	باقمش اولايدم	*baqmich olaïdum,*	j'eusse regardé.
	باقمش اولايدك	*baqmich olaïduñ,*	tu eusses regardé.
	باقمش اولايدی	*baqmich olaïdi,*	il eût regardé.
	باقمش اولايدق	*baqmich olaïduq,*	nous eussions regardé.
	باقمش اولايدكز	*baqmich olaïdeñiz,*	vous eussiez regardé.
	باقمش اولالرايدی	*baqmich olaleridi,* ou	ils eussent regardé.
	باقمش اوليديلر	*baqmich olaïdiler,*	

CONJUGAISON

DES VERBES TERMINÉS EN مك.

SUBJONCTIF.

PRÉSENT.

اكر
eghier
ou
eïer,
si

سورايسم ou	*severissam*,	j'aime.
سورسم	*seversam*,	
سورسك	*seversañ*,	tu aimes.
سورسه	*seversah*,	il aime.
سورسك	*seversak*,	nous aimons.
سورسكز	*seversañiz*,	vous aimez.
سورلرسه	*severlersah*, ou	ils aiment..
سورسه لر	*seversaler*,	

IMPARFAIT.

اكر
eghier
ou
eïer,
si

سوسم	*sevsam*,	j'aimais.
سوسك	*sevseñ*,	tu aimais.
سوسه	*sevsah*,	il aimait.
سوسك	*sevsek*,	nous aimions.
سوسكز	*sevseñiz*,	vous aimiez.
سوسه لر	*sevsaler*,	ils aimaient.

CONJUGAISON

DES VERBES TERMINÉS EN. مق.

SUBJONCTIF.

PRÉSENT.

اكر	باقرايسم	baqarissam,	je regarde.
eghier	ou		
ou	باقرسم	baqarsam,	
eïer,	باقرسك	baqarsañ,	tu regardes.
si	باقرسه	baqarsah,	il regarde.
	باقرسق	baqarsaq,	nous regardons.
	باقرسكز	baqarsañiz,	vous regardez.
	باقرلرسه	baqarlersah,	ils regardent.
	ou		
	باقرسدلر	baqarsaler,	

IMPARFAIT.

اكر	باقسم ou بقسم	baqsam,	je regardais.
eghier	باقسك	baqsañ,	tu regardais.
ou	باقسه	baqsah,	il regardait.
eïer,	باقسق	baqsaq,	nous regardions.
si	باقسكز	baqsañiz,	vous regardiez.
	باقسهلر	baqsaler,	ils regardaient.

CONJUGAISON

DES VERBES TERMINÉS EN مك.

PRÉTÉRIT.

اكر *eghier* ou *eïer,* si	سومش ايسم	*sevmich issam,*	j'ai aimé.
	سومش ايسك	*sevmich isseñ,*	tu as aimé.
	سومش ايسه	*sevmich issa,*	il a aimé.
	سومش ايسك	*sevmich issek,*	nous avons aimé.
	سومش ايسكز	*sevmich isseñiz,*	vous avez aimé.
	سومشلر ايسه ou سومش ايسهلر	*sevmichler issa,* *sevmich issaler,*	ils ont aimé.

PRÉTÉRIT ANTÉRIEUR.

اكر *eghier* ou *eïer,* si	سوسيدم	*sevsaïdum,*	j'avais aimé.
	سوسيدك	*sevsaïduñ,*	tu avais aimé.
	سوسيدى	*sevsaïdi,*	il avait aimé.
	سوسيدك	*sevsaïduk,*	nous avions aimé.
	سوسيدكز	*sevsaïdeñiz,*	vous aviez aimé.
	سوسهلرايدى	*sevsaleridi,*	ils avaient aimé.

CONJUGAISON

DES VERBES TERMINÉS EN قم.

PRÉTÉRIT.

باقمش ايسم	*baqmich issam,*	j'ai regardé.
باقمش ايسك	*baqmich isseñ,*	tu as regardé.
باقمش ايسه	*baqmich issa,*	il a regardé.
باقمش ايسك	*baq mich issek,*	nous avons regardé.
باقمش ايسكز	*baqmich isseñiz,*	vous avez regardé.
باقمشلرايسه	*baqmichler issa,* ou	
باقمش ايسهلر	*baqmich issaler,*	ils ont regardé.

اكر *eghier* ou *eïer,* si

PRÉTÉRIT ANTÉRIEUR.

باقسيدم ou بقسيدم	*baqsaïdum,*	j'avais regardé.
باقسيدك	*baqsaïduñ,*	tu avais regardé.
باقسيدى	*baqsaïdi,*	il avait regardé.
باقسيدق	*baqsaïduq,*	nous avions regardé.
باقسيدكز	*baqsaïdeñiz,*	vous aviez regardé.
باقسهلرايدى	*baqsaleridi,*	ils avaient regardé.

اكر *eghier* ou *eïer,* si

CONJUGAISON

DES VERBES TERMINÉS EN مك.

SECOND PRÉTÉRIT ANTÉRIEUR.

اكر
eghier
ou
eïer,
si

سومش اولسيدم ,	*sevmich olsaïdum ,*	j'eusse aimé.
سومش اولسيدكك	*sevmich olsaïduñ ,*	tu eusses aimé.
سومش اولسيدى	*sevmich olsaïdi ,*	il eût aimé.
سومش اولسيدق ,	*sevmich olsaïduq ,*	nous eussions aimé.
سومش اولسيدكز	*sevmich olsaïdeñiz ,*	vous eussies aimé.
سومش اولسهلريدى	*sevmich olsaleridi,*	
سومش اولسهايدبلر	*sevmich olsaïdiler ,*	ils eussent aimé.

ou

FUTUR.

اكر
eghier
ou
eïer,
si

سومش اولورسم	*sevmich oloursam ,*	j'aime.
سومش اولورسك	*sevmich oloursañ ,*	tu aimes.
سومش اولورسه	*sevmich oloursah ,*	il aime.
سومش اولورسق	*sevmich oloursaq ,*	nous aimons.
سومش اولورسكز	*sevmich oloursañiz ,*	vous aimez.
سومش اولورلرسه	*sevmich olourlersah ,*	ils aiment.

CONJUGAISON

DES VERBES TERMINÉS EN مق.

———

SECOND PRÉTÉRIT ANTÉRIEUR.

باقمش اولسَيدم ,	*baqmich olsaïdum ,*	j'eusse regardé.
باقمش اولسيدڭ	*baqmich olsaïduñ ,*	tu eusses regardé.
باقمش اولسيدى	*baqmich olsaïdi ,*	il eût regardé.
باقمش اولسيدق	*baqmich olsaïduq ,*	nous eussions regardé.
باقمش اولسيدڭز	*baqmich olsaïdeñiz ,*	vous eussiez regardé.
باقمش اولسهلردى	*baqmich olsaleridi,*	ils eussent regardé.
باقمش اولسهايديلر	*baqmich olsaïdiler ,*	

اكر *eghìer* ou *cier,* si

FUTUR.

باقمش اولورسم ,	*baqmich oloursam ,*	je regarde.
باقمش اولورسڭ	*baqmich oloursañ ,*	tu regardes.
باقمش اولورسه	*baqmich oloursah ,*	il regarde.
باقمش اولورسق	*baqmich oloursaq ,*	nous regardons.
باقمش اولورسڭز	*baqmich oloursañiz ,*	vous regardez.
باقمش اولورلرسه	*baqmich olourlersah,*	ils regardent.

اكر *eghier* ou *eier,* si

CONJUGAISON

DES VERBES TERMINÉS EN مك.

———

INFINITIF (*déclinable*).

سومك   *sevmek,*   aimer.

PRÉTÉRIT.

سومش اولق   *sevmich olmaq,*   avoir aimé.

PRÉTÉRIT ANTÉRIEUR.

سودكدن اوّل   *sevdukten ewel,*   ⎫

ou   avant d'avoir aimé.

سومزدن اوّل   *sevmezden ewel,*   ⎭

PRÉTÉRIT POSTÉRIEUR.

سودكدن صكره   *sevdukten soñrah,*   après avoir aimé.

FUTUR (*peu usité*).

سوجك اولق   *sevedjek olmaq,*   devoir aimer.

CONJUGAISON

DES VERBES TERMINÉS EN مق.

———

INFINITIF (*déclinable*).

باقمق ou بقمق   *baqmaq,*   regarder.

PRÉTÉRIT.

باقمش اولمق   *baqmich olmaq,*   avoir regardé.

PRÉTÉRIT ANTÉRIEUR.

باقدقدن اوّل   *baqduqten ewel,*

ou

باقمزدن اوّل   *baqmazden ewel,*   } avant d'avoir regardé.

PRÉTÉRIT POSTÉRIEUR.

باقدقدن صكّره   *baqduqten soñrah,*   après avoir regardé.

FUTUR (*peu usité*).

باقجق اولمق   *baqadjaq olmaq,*   devoir regarder.

CONJUGAISON

DES VERBES TERMINÉS EN مك.

———

GÉRONDIFS.

سوركن	*severken,*	en aimant.
سورايكن	*sever iken,*	
سوپ	*sevup,*	ayant aimé.
سوەرك	*severek,*	en aimant (*sans cesse*).
سونجه	*sevindjèh,*	en aimant, tandis *ou*
سودكچه	*sevduktchèh,*	jusqu'à ce qu'on aime.
سودكده	*sevduktèh,*	
سومكده	*sevmektèh,*	en aimant *ou* tandis qu'on aime.
سومكيله	*sevmeghilèh,*	

PARTICIPES.

PRÉSENT INDÉCLINABLE.

سور	*sever,*	aimant.

PRÉSENT DÉCLINABLE.

سون	*seven,*	aimant.

CONJUGAISON

DES VERBES TERMINÉS EN مق.

———

GÉRONDIFS.

بقركن	*baqarken,*	} en regardant.
باقرايكن	*baqar iken,*	
باقوپ	*baqup,*	ayant regardé.
باقدرق	*baqaraq,*	en regardant (*sans cesse*).
باقنجه	*baqindjèh,*	} en regardant, tandis *ou* jusqu'à ce qu'on regarde.
باقـدقچه	*baqduqtchèh,*	
باقدقده	*baqduqtèh,*	
باقمقده	*baqmaqtèh,*	} en regardant, *ou* tandis qu'on regarde.
باقغيله	*baqmaghilèh,*	

PARTICIPES.

PRÉSENT INDÉCLINABLE.

باقر *ou* بقر	*boqar,*	regardant.

PRÉSENT DÉCLINABLE.

باقن	*baqan,*	regardant.

CONJUGAISON

DES VERBES TERMINÉS EN مك.

———

PASSÉ INDÉCLINABLE.

سومش   *sevmich*,   aimé.

PASSÉ DÉCLINABLE.

سودك   *sevduk*,   aimé.

FUTUR.

سوجك
  ou   *sevedjek*,   devant aimer.
سوةجك

SECOND FUTUR.

سومدلو   *sevmelu*,   devant aimer (*néces-*
                                      sairement).

CONJUGAISON

———

PASSÉ INDÉCLINABLE.

باقمش *ou* بقمش   *baqmich*,   regardé.

PASSÉ DÉCLINABLE.

باقدق   *baqtuq*,   regardé.

FUTUR.

بقجق *ou* باقدجق   *baqadjaq*,   devant regarder.

SECOND FUTUR.

باقملو   *baqmalu*,   devant regarder (*né-cessairement*).

OBSERVATIONS

SUR LA FORMATION DES MODES ET TEMPS.

———

INDICATIF.

147. L'indicatif présent se forme au moyen du participe présent indéclinable سور *sever*, aimant, et des affixes أيم *ïm*, je suis, سن *sen*, tu es, etc., du verbe substantif.

Pour préciser le temps de l'action, on dit سويورم *seveïurum*, j'aime *actuellement*. Cette forme est plus usitée à Constantinople et parmi les personnes instruites, que dans l'Asie mineure et chez les Tartares.

148. L'imparfait se forme au moyen du participe présent سور *sever*, et de l'imparfait du verbe substantif.

149. Les observations auxquelles le deuxième présent a donné lieu, s'appliquent au deuxième imparfait; ainsi l'on dit سويوردم *seveïurdum*, j'étais dans l'action d'aimer, etc. Le troisième se forme du participe سور *sever*, aimant, et du prétérit du verbe substantif أيشم *imichem*, je fus. Ce temps indique l'existence d'une action qui a eu lieu à une époque assez éloignée; ainsi l'on dirait كچن سنه استامبولك كزر أيشم *ghetchen senèh Stamboudèh ghezer imichem* (et non كزردم *ghezerdum*), je me promenais l'an passé dans Constantinople.

150. Le prétérit se forme de la deuxième personne de l'impératif et des affixes دم *dum*, دك *duñ*, دى *di*, etc., du verbe substantif.

l

151. La formation des deuxième et troisième prétérits résulte du participe passé سومش *sevmich*, suivi des affixes de l'indicatif présent, ou de celles du prétérit régulier du verbe substantif.

Le prétérit antérieur ou plusque-parfait se forme au moyen du même participe passé, et de l'imparfait du verbe substantif. On peut aussi dire سومش ايـشـم *sevmich imichem*, ايـشـسـن *imich-sen*, etc.

De ce participe, joint au futur du verbe اولمق *olmaq*, se forme le prétérit postérieur, sorte de temps qui sert à indiquer une action passée subordonnée à une action future, comme quand on dit: *J'aurai fini quand vous viendrez.*

152. Le premier futur se forme comme le présent, et désigne la prochaine éventualité de l'action.

153. Le deuxième futur, qui indique la probabilité plus éloignée de l'action, se forme du participe futur سوجك *sevedjek*, et des affixes de l'indicatif présent du verbe substantif. Dans les verbes terminés en مق *maq*, ce participe se termine par un ق, lequel se change en غ à la première personne du pluriel, par le motif exposé ci-devant (n° 30).

154. Le troisième futur, qui indique la nécessité de l'action, se forme du participe en لو *lu*, suivi des mêmes affixes.

IMPÉRATIF.

155. L'impératif est souvent employé comme optatif ou comme concessif. En turk, la deuxième personne de ce mode entre comme radicale dans la formation de tous les autres temps du verbe. Mais les Tartares ajoutent souvent à cette deuxième personne la syllabe كيل *ghil* ou غيل *ghil*. Ex. تكـرى تعالى نك صوبورغلرى سن كيل

مشرّف بولغيل tangri ta'ala nuñ soulourghaleri sen mucherref boul-
ghil, jouis avec honneur des bienfaits du Très-Haut.

SUPPOSITIF.

156. Nous avons adopté, d'après Beauzée, la dénomination de
suppositif, pour indiquer le mode que les Italiens terminent eu
rei. Le présent de ce mode se forme comme l'imparfait de l'indicatif: on le confond souvent avec le futur, et même avec le prétérit. Ce dernier se compose, en turk, du participe سورمش *severmich*,
suivi de l'imparfait de l'indicatif du verbe substantif, ou du participe en مش *mich*, suivi de l'imparfait de l'optatif de même
verbe.

OPTATIF.

157. Tous les temps de l'optatif peuvent être précédés des mots
كه (qu'on prononce *ki*), que; اولاكه *olaki,* نه اولاكه *n'olaki*, soit
que; كشكه *kechkèh* ou *kiachki,* بولايكى *boulaïki,* الله ويرسن كه
allah virsum ki, qui signifient plaise à Dieu, ou Dieu fasse que... Les
prétérits admettent la première, la quatrième et la cinquième de
ces formes, et de plus les suivantes : نه اولايـدى *n'olaïdi,* الله
ويريدى *allah vireïdi*, plût à Dieu.

158. La troisième personne du présent de l'optatif suivie des
particules م *ou* يم, سن, يز, سز et لر, sert à la formation des diverses
personnes de ce même temps ; et il n'est pas inutile d'observer que
ces particules sont à peu près, en turk, et surtout en turk oriental,
les caractéristiques des pronoms personnels affixes.

Cette troisième personne, jointe à l'impératif du verbe substantif, forme l'imparfait du mode qui nous occupe.

159. Le prétérit et le prétérit antérieur se forment du participe
en مش *mich*, suivi du présent et du prétérit antérieur de l'optatif du verbe اولمق *olmaq*, être.

160. Tous les temps de ce mode supposent la présence de la
particule conditionnelle اکر *eghier*, si. Cette particule est le plus
souvent sous-entendue. Le présent se forme du présent du subjonctif du verbe substantif, précédé du participe indéclinable سور
sever. Dans les verbes terminés à l'infinitif en مق , la lettre caractéristique de la première personne du pluriel est un ق et non
un کت .

161. L'imparfait se forme de la deuxième personne de l'impératif, suivie des particules caractéristiques du présent.

162. La troisième personne du temps qui précède (سوسه *sev-
seh*), suivie de l'imparfait de l'indicatif du verbe اولمق *olmaq*,
être, sert à former le prétérit antérieur.

163. Le prétérit et le deuxième prétérit antérieur se forment
par la jonction du participe indéclinable en مش *mich*, avec le
présent et l'imparfait du subjonctif du verbe substantif.

164. Le futur se forme du même participe, suivi du présent régulier du subjonctif du verbe اولمق *olmaq*.

165. L'infinitif, en turk, est un véritable nom d'action, qui se
décline régulièrement. Les lettres کت ou ق , qui le terminent,
s'élident et disparaissent très-souvent : ainsi l'on dit au singulier :
nominatif, کورمه *ghurmeh*, l'action de voir, ou la vue; génitif,

كورمكك *ghurmeghuñ*; datif, كورمكه *ghurmeghèk*; ablatif,
كورمكدن *ghurmekten*; et, au plur. nom., كورمهلر *ghurmèhler*;
génitif, كورمهلرك *ghurmèhleruñ*, etc.

166. Ce mode, ainsi considéré, est susceptible de prendre les
particules caractéristiques de tous les pronoms affixes , et certaines
postpositions. Ex. كلهم مقرر در *ghelmèhm muqarrar dur*, ma venue est certaine; هر اغلمه نك كوله سى وار در *her aghlamannñ
gulmèhsi war dur*, toute larme est suivie de rire (littéral. de
chaque pleur son rire il y a); بلمكك *bilmektèh*, dans le savoir;
كيتمكدن اول *ghitmekten ewel*, avant d'aller; اوقومقدن صكره
oqoumaqten soñra, après avoir lu.

167. Le prétérit de l'infinitif se forme du participe passé indéclinable en مش *mich* , et de l'infinitif اولمق *olmaq*.

168. Le prétérit antérieur se forme du participe déclinable en
دك *duk*, suivi de la particule caractéristique de l'ablatif, et de
l'adverbe arabe اول *ewel* (pour اولا *ewelan*). Le participe présent
indéclinable du verbe négatif entre quelquefois dans la composition de ce prétérit.

169. Le prétérit postérieur se forme de même que le précédent ,
avec l'addition de l'adverbe صكره *soñra*.

170. Le futur se forme du participe en جق ou جك *suivi* du
même infinitif.

GÉRONDIF.

171. Les gérondifs que les Latins terminaient en *do* et en *dum*,
ont, comme on sait, beaucoup d'affinité avec le mode qui précède;
aussi les Turks les confondent-ils souvent : ces sortes de cas de
l'infinitif donnent lieu à quelques observations.

172. سور ايكن *sever iken*, est un composé du participe présent indéclinable du verbe principal et du gérondif du verbe substantif : il signifie littéralement *étant aimànt*.

173. Le gérondif سوپ *sevup*, se forme de la 2° personne de l'impératif, suivie de la syllabe وپ *up*, qui se change en يوپ *iup*, lorsque cette deuxième personne se termine par un ه ; ce gérondif peut quelquefois être traduit par le présent, mais le plus souvent il indique une action passée. Voici un exemple qui offre l'application des deux observations précédentes. Ex. كامللك بودركه بر سويليوپ ايكى دينه مك *kiamillik bou dur ki bir seuïleïup, iki dinèmek*, la perfection consiste à écouter deux fois avant de parler une.

174. Nous n'avons point en français de temps qui corresponde exactement au gérondif en رك *rek*; il exprime en turk la continuité de l'action. Ex. سورارك يتشتم *surèrek ietichtum*, en courant (ou à force de courir) je suis arrivé. La particule رك ou رق est quelquefois sous-entendue ; mais alors on répète le verbe. Ex. كوله كوله بايلدم *ghulèh ghulèh baïldum*, je me suis pâmé à force de rire. Cette dernière remplace aussi l'infinitif. Ex. بونى ايله بلورميسن *bouni edèh bilurmisen*, sais-tu faire cela ?

175. Trois sortes de gérondifs se forment par l'addition des particules نجه *indjèh*, دكچه *duktchèh* ou دقچه *duqtchèh*, دكل *duktèh* ou دقل *duqtèh*: ils servent à exprimer les divers degrés de l'éventualité de l'action. Ex. سن دوننجه صبر ايدرم *sen dunundjèh sabr ederum*, j'aurai patience jusqu'à ce que tu viennes; كيتكچه بيور *ghittiktchèh buïur*, à mesure qu'il avance, il grandit; انى سير ايتدكل شاشدى *ani seïr ettuktèh chachti*, en l'apercevant il fut étonné.

176. Les deux formes سومكل *semvektèh* et سومكیلد *sevme-ghilèh*, évidemment dérivées de l'infinitif, sont, comme les précédentes, employées à exprimer le gérondif en *do*; et c'est ici le cas de remarquer que quelque embarrassante que puisse paraître, au premier coup d'œil, une telle multiplicité de formes, elle offre néanmoins des avantages réels et un moyen sûr et facile de parvenir à l'intelligence du discours, attendu que les Turks n'ayant aucune idée de notre système de ponctuation, et leurs phrases étant, en général, fort longues, les gérondifs servent à indiquer la suspension du sens.

PARTICIPES.

177. Les participes ont une double fonction : ils expriment tantôt une action et tantôt un état. Dans le premier cas, ils sont indéclinables et entrent comme éléments nécessaires dans la conjugaison de certains temps du verbe. C'est ainsi qu'on a vu le participe présent سور *sever*, combiné avec divers modes et temps du verbe substantif, servir à la formation de tous les temps présents et futurs de l'indicatif, du suppositif et du subjonctif, et le participe passé سومش *sevmich*, employé concurremment avec divers autres modes et temps du même verbe, exprimer presque tous les temps passés.

178. Il n'en est pas de même des participes déclinables. Ceux-ci font l'office de vrais noms adjectifs, et peuvent, par conséquent, s'offrir sous la forme du singulier ou du pluriel, affecter les terminaisons des cas, et prendre les pronoms et les particules affixes qui suivent ordinairement les noms. Ex. سوسنی سونی *sev seni seveni*, aime celui qui t'aime ; كلدی سودكم *gheldi sevdughum*,

celle que j'aime est venue. La raison de cette règle est fort simple :
en turk, comme dans plusieurs autres langues, il existe réelle-
ment des noms qui *participent* de la nature du verbe et de celle du
nom ; or, comme on a la faculté d'exprimer par la variété des désinences les diverses modifications de temps et de nombres dans
les verbes, de cas et de nombres dans les noms, il devient facile
d'établir une distinction précise entre les mots destinés à exprimer
une action, et ceux dont l'office consiste à indiquer un attribut,
une qualité, un état. Dans le premier cas, ils sont indéclinables,
et concourent avec le verbe substantif à la formation d'un grand
nombre de modes et temps : dans le second, ils se déclinent et
peuvent être confondus avec les noms, à tel point qu'on les trouve
sous cette forme dans la plupart des lexiques.

179. Le participe déclinable en دك ou en دق, paraît avoir
été formé, dans l'origine, de la troisième personne du prétérit,
suivie de la particule كى ou غى qui signifie *qui*, *lequel*, *laquelle*.
Il en résulte que, dans la traduction française des phrases turkes
où ce participe se trouve employé, on voit presque toujours re-
paraître un de ces mots conjonctifs, ou de ses équivalents. (*Voyez*
le 2ᵉ exemple cité plus haut, nº 178).

180. Les participes futurs sont l'un et l'autre indéclinables ; néanmoins, le premier (en جك ou جق) est susceptible de prendre
les particules caractéristiques des pronoms affixes, et d'être alors
considéré comme nom. Ex. كلجكى بللو دكل *gheledjeghi bellu deghil*, il n'est pas certain qu'il vienne ; litt. sa venue n'est pas certaine.

181. Le participe en ملو indique toujours la nécessité de l'ac-

tion. Ex. هيچ كيمسديه معلوم اولبهلو *hitch kimséhièh ma'aloum ol-mumalu*, qu'il ne soit absolument connu de personne.

182. Les Turks ont enfin une sorte de participe qui se forme de l'infinitif scindé سوه *seveh*, et de la particule لو *lu*, indicative de la possession, de la dotation et de l'appartenance (n° 63). Ex. اوچ يل وار بزكله لو *utch il war biz ghelèhlu*, il y a près de trois ans que nous sommes venus. Mais comme ces participes ne diffèrent en rien des adjectifs, soit qu'on les considère sous le rapport de la signification, soit qu'on les étudie relativement à la forme sous laquelle ils se présentent, nous n'avons pas cru devoir leur donner place dans un tableau dont l'objet est uniquement d'indiquer les principales modifications qu'éprouve la conjugaison des verbes.

VERBES IRRÉGULIERS.

u

VERBES IRRÉGULIERS.

CONJUGAISON

DES VERBES TERMINÉS EN مك.

INDICATIF.

PRÉSENT.

ايتمم	*etmem,*	je ne fais pas.
ايتمزسن	*etmezsen,*	tu ne fais pas.
ايتمز	*etmez,*	il ne fait pas.
ايتمز ايز	*etmeziz,*	nous ne faisons pas.
ايتمز سز	*etmezsiz,*	vous ne faites pas.
ايتمزلر	*etmezler,*	ils ne font pas.

SECOND PRÉSENT.

ايتميورم	*etmeïurum,*	je ne fais pas (*actuel-lement*).
ايتميورسن	*etmeïursen,*	tu ne fais pas.
ايتميور	*etmeïur,*	il ne fait pas.
ايتميورز	*etmeïuruz,*	nous ne faisons pas.
ايتميورسز	*etmeïursiz,*	vous ne faites pas.
ايتميورلر	*etmeïurler,*	ils ne font pas.

VERBES IRRÉGULIERS.

CONJUGAISON

DES VERBES TERMINÉS EN مق.

INDICATIF.

PRÉSENT.

المم	*almam,*	je ne prends pas.
المزسن	*almazsen,*	tu ne prends pas.
المز ou الماز	*almaz,*	il ne prend pas.
المزايز	*almaziz,*	nous ne prenons pas.
المزسز	*almazsiz,*	vous ne prenez pas.
المزلر	*almazler,*	ils ne prennent pas.

SECOND PRÉSENT.

الميورم	*almaïurum,*	je ne prends pas (*actuellement*).
الميورسن	*almaïursen,*	tu ne prends pas.
الميور	*almaïur,*	il ne prend pas.
الميورز	*almaïuruz,*	nous ne prenons pas.
الميورسز	*almaïursiz,*	vous ne prenez pas.
الميورلر	*almaïurler,*	ils ne prennent pas.

CONJUGAISON

DES VERBES TERMINÉS EN مك.

IMPARFAIT.

ايتمز ايدم	*etmez idum,*	je ne faisais pas.
ou		
ايتمزدم	*etmezdum,*	
ايتمزدك	*etmezduñ,*	tu ne faisais pas.
ايتمزدى	*etmezdi,*	il ne faisait pas.
ايتمزدك	*etmezduk,*	nous ne faisions pas.
ايتمزدكز	*etmezdeñiz,*	vous ne faisiez pas.
ايتمزلردى	*etmezlerdi,*	ils ne faisaient pas.
ou		
ايتمزايديلر	*etmez idiler,*	

SECOND IMPARFAIT (*peu usité*).

ايتميوردم	*etmeïurdum,*	je ne faisais pas (*alors que*).
ايتميوردك	*etmeïurduñ,*	tu ne faisais pas.
ايتميوردى	*etmeïurdı,*	il ne faisait pas.
ايتميوردك	*etmeïurduk,*	nous ne faisions pas.
ايتميوردكز	*etmeïurdeñiz,*	vous ne faisiez pas.
ايتميورديلر	*etmeïurdiler,*	ils ne faisaient pas.

CONJUGAISON

DES VERBES TERMINÉS EN مق.

IMPARFAIT.

المزايدم ou المزدم	*almaz idum ,* *almazdum ,*	je ne prenais pas.
المزدك	*almazduñ ,*	tu ne prenais pas.
المزدى	*almazdi ,*	il ne prenait pas.
المزدق	*almazduq ,*	nous ne prenions pas.
المزدكز	*almazdeñiz ,*	vous ne preniez pas.
المزلردى ou المزايديلر	*almazlerdi ,* *almaz idiler ,*	ils ne prenaient pas.

SECOND IMPARFAIT (*peu usité*).

الميوردم	*almaïurdum ,*	je ne prenais pas (*alors* *que*).
الميوردك	*almaïurduñ ,*	tu ne prenais pas.
الميوردى	*almaïurdi ,*	il ne prenait pas.
الميوردق	*almaïurduq ,*	nous ne prenions pas.
الميوردكز	*almaïurdeñiz ,*	vous ne preniez pas.
الميورديلر	*almaïurdiler ,*	ils ne prenaient pas.

CONJUGAISON

DES VERBES TERMINÉS EN مك.

—◆—

TROISIÈME IMPARFAIT.

ايتمز ايبشم	*etmez imichem,*	je ne faisais pas.
ايتمز ايبشسن	*etmez imichsen,*	tu ne faisais pas.
ايتمز ايبش	*etmez imich,*	il ne faisait pas.
ايتمز ايبشز	*etmez imichiz,*	nous ne faisions pas.
ايتمز ايبشسز	*etmez imichsiz,*	vous ne faisiez pas.
ايتمز ايبشلر	*etmez imichler,*	
ou		} ils ne faisaient pas.
ايتمزلر ايبش	*etmezler imich,*	

PRÉTÉRIT.

ايتمدم	*etmedum,*	je ne fis pas.
ايتمدك	*etmeduñ,*	tu ne fis pas.
ايتمدى	*etmedi,*	il ne fit pas.
ايتمدك	*etmeduk,*	nous ne fimes pas.
ايتمدكز	*etmediñiz,*	vous ne fites pas.
ايتمديلر	*etmediler,*	ils ne firent pas.

CONJUGAISON

DES VERBES TERMINÉS EN مق.

———

TROISIÈME IMPARFAIT.

المز ايبشم	*almaz imichem,*	je ne prenais pas.
المز ايبشسن	*almaz imicksen,*	tu ne prenais pas.
المزايبش	*almaz imich,*	il ne prenait pas.
المزايبشز	*almaz imichiz,*	nous ne prenions pas.
المزايبشسز	*almaz imichsiz,*	vous ne preniez pas.
المزايبشلر	*almaz imichler,*	
المزلر ايبش	*almazler imich,*	ils ne prenaient pas.

PRÉTÉRIT.

المدم	*almadum,*	je ne pris pas.
المدك	*almaduñ,*	tu ne pris pas.
المدى	*almadi,*	il ne prit pas.
المدق	*almaduq,*	nous ne prîmes pas.
المدكز	*almadiñiz,*	vous ne prîtes pas.
المديلر	*almadiler,*	ils ne prirent pas.

CONJUGAISON

SECOND PRÉTÉRIT.

ايتمه‌شم	*etmemichem*,	je n'ai point fait.
ايتمه‌شسن	*etmemichsen*,	tu n'as point fait.
ايتمه‌شدر	*etmemichdur*,	
ou		il n'a point fait.
ايتمه‌ش	*etmemich*,	
ايتمه‌شز	*etmemichiz*,	nous n'avons point fait.
ايتمه‌شسز	*etmemichsiz*,	vous n'avez point fait.
ايتمه‌شلر	*etmemichler*,	ils n'ont point fait.

TROISIÈME PRÉTÉRIT (*terminé par le prétérit du verbe substantif*).

ايتمش اولدم	*etmemich oldum*,	je n'ai pas fait, etc.

PRÉTÉRIT ANTÉRIEUR (*terminé par l'imparfait du verbe substantif*).

ايتمش ايدم	*etmemich idum*,	
ou		je n'avais pas fait, etc.
ايتمه‌شدم	*etmemichdum*,	

CONJUGAISON

DES VERBES TERMINÉS EN مق.

SECOND PRÉTÉRIT.

الممشم	*almamichem*,	je n'ai point pris.
الممشسن	*almamichsen*,	tu n'as point pris.
الممشدر	*almamichdur*,	
ou		il n'a point pris.
الممش	*almamich*,	
الممشز	*almamichiz*,	nous n'avons point pris.
الممشسز	*almamichsiz*,	vous n'avez point pris.
الممشلر	*almamichler*,	ils n'ont point pris.

TROISIÈME PRÉTÉRIT (*terminé par le prétérit du verbe substantif*).

الممش اولدم	*almamich oldum*,	je n'ai pas pris, etc.

PRÉTÉRIT ANTÉRIEUR (*terminé par l'imparfait du verbe substantif*).

الممش ايدم	*almamich idum*,	
ou		je n'avais pas pris, etc.
الممشدم	*almamichdum*,	

CONJUGAISON

DES VERBES TERMINÉS EN مك.

——

PRÉTÉRIT POSTÉRIEUR (*terminé par le futur du verbe substantif*).

ايتممش اولورم   *etmemich olourum*, je n'aurai pas fait, etc.

FUTUR (*comme le présent*).

ايتمم   *etmem*,   je ne ferai pas, etc.

SECOND FUTUR.

ايتميه جكم	*etmeïedjeghim*,	je ne ferai pas.
ايتميه جكسن	*etmeïedjeksen*,	tu ne feras pas.
ايتميه جكدر	*etmeïedjekdur*,	} il ne fera pas.
ايتميه جك	*etmeïedjek*,	
ايتميه جكيز	*etmeïedjeghiz*,	nous ne ferons pas.
ايتميه جكسز	*etmeïedjeksiz*,	vous ne ferez pas.
ايتميه جكلردر	*etmeïedjeklerdur*,	} ils ne feront pas.
ايتميه جكلر	*etmeïedjekler*,	

CONJUGAISON

DES VERBES TERMINÉS EN مق.

———

PRÉTÉRIT POSTÉRIEUR (*terminé par le futur du verbe substantif*).

المش اولورم   *almamich olourum*, je n'aurai pas pris, etc.

FUTUR (*comme le présent*).

الم   *almam*,   je ne prendrai pas, etc.

SECOND FUTUR.

الميه جغم   *almaïadjaghim*,   je ne prendrai pas.

الميه جقسن   *almaïadjaqsen*,   tu ne prendras pas.

الميه جقدر   *almaïadjeqdur*,

ou

الميه جق   *almaïadjaq*,   il ne prendra pas.

الميه جغز   *almaïadjaghiz*,   nous ne prendrons pas.

الميه جقسز   *almaïadjaqsiz*,   vous ne prendrez pas.

الميه جقلردر   *almaïadjaqlerdur*,

ou

الميه جقلر   *almaïadjaqler*,   ils ne prendront pas.

CONJUGAISON

DES VERBES TERMINÉS EN مك.

TROISIÈME FUTUR.

ايتمملو ايم	*etmemelu ïm,*	je ne feraipas (*absolument*).
ايتمملوسن	*etmemelu sen,*	tu ne feras pas.
ايتمملودر	*etmemelu dur,*	il ne fera pas.
ou ايتمملو	*etmemelu,*	
ايتمملو ايز	*etmemelu iz,*	nous ne ferons pas.
ايتمملو سز	*etmemelu siz,*	vous ne ferez pas.
ايتمملو درلر	*etmemelu durler,*	ils ne feront pas.
ou ايتمملو	*etmemelu,*	

IMPÉRATIF.

ايتمه	*etmeh,*	ne fais pas.
ايتمسون	*etmesun,*	qu'il ne fasse pas.
ايتميه لم	*etmeïelum,*	ne faisons pas.
ايتمكز ou ايتمك	*etmeñiz ou etmeñ,*	ne faites pas.
ايتمه سونلر	*etmesunler,*	qu'ils ne fassent pas.

CONJUGAISON

DES VERBES TERMINÉS EN مق.

———

TROISIÈME FUTUR.

المهلوايم	*almamalu im,*	je ne prendrai pas (*absolument*).
المهلوسن	*almamalu sen,*	tu ne prendras pas.
المهلودر	*almamalu dur,*	
ou		il ne prendra pas.
المهلو	*almamalu,*	
المهلوايز	*almamalu iz,*	nous ne prendrons pas.
المهلوسز	*almamalu siz,*	vous ne prendrez pas.
المهلو درلو	*almamalu durler,*	
ou		ils ne prendront pas.
المهلو	*almamalu,*	

IMPÉRATIF.

الله	*almah,*	ne prends pas.
المسون	*almasun,*	qu'il ne prenne pas.
الميه لم	*almaïalµm,*	ne prenons pas.
المكزر ou المك	*almañiz* ou *almañ,*	ne prenez pas.
المسونلو	*almasunler,*	qu'ils ne prennent pas.

CONJUGAISON

DES VERBES TERMINÉS EN مك.

SUPPOSITIF.

PRÉSENT (comme l'imparfait de l'indicatif).

ايتمزدم   *etmezdum*,   je ne ferais pas, etc.

PRÉTÉRIT (terminé comme le prétérit antérieur de l'indicatif).

ايتمز مشيدم   *etmez michidum*,   je n'aurais pas fait, etc.

SECOND PRÉTÉRIT (peu usité).

ايتمهش اولوردم   *etmemich olourdum*,   je n'aurais pas fait, etc.

OPTATIF.

PRÉSENT et FUTUR.

كاشكى *kiachki*, كشكه *kechkèh*, ou بولايكى *boulaiki*, plaise à Dieu que	ايتميم	*etmeïm*,	je ne fasse pas.
	ايتميهسن	*etmeïesen*,	tu ne fasses pas.
	ايتميه	*etmetèh*,	il ne fasse pas.
	ايتميه يز	*etmeïeïz*,	nous ne fassions pas
	إيتميه سز	*etmeïesiz*,	vous ne fassiez pas
	ايتميهلر	*etmeïeler*,	ils ne fassent pas.

CONJUGAISON

<small>DES VERBES TERMINÉS EN</small> مق.

———

SUPPOSITIF.

<small>PRÉSENT</small> (*comme l'imparfait de l'indicatif*).

المزدم   *almazdum,*   je ne prendrais pas, etc.

<small>PRÉTÉRIT</small> (*terminé comme le prétérit antérieur de l'indicatif*).

المزميشدم   *almaz michidum,*   je n'aurais pas pris, etc.

<small>SECOND PRÉTÉRIT</small> (*peu usité*).

المش اولوردم   *almamiçh olourdum,* je n'aurais pas pris, etc.

OPTATIF.

<small>PRÉSENT et FUTUR.</small>

كاشكى *kiachki,*	الميم	*almaïam,*	je ne prenne pas.
كشكه *kechkèh,*	الميسن	*almaïasen,*	tu ne prennes pas.
ou	الميه	*almaïah,*	il ne prenne pas.
بولايكى *boulaïki,*	الميديز	*almaïaïz,*	nous ne prenions pas.
plût	الميسز	*almaïasiz,*	vous ne preniez pas.
à Dieu	الميدلر	*almaïaler,*	ils ne prennent pas.
que			

CONJUGAISON

DES VERBES TERMINÉS EN مك.

———

IMPARFAIT.

كاشكى *kiachki*	ايتمىه ايدم	*etmeïeïdum ,*	je ne fisse pas.
	ايتمىه يدكٓ	*etmeïeïduñ ,*	tu ne fisses pas.
	ايتمىه يدى	*etmeïeïdi ,*	il ne fît pas.
كشكه *kechkèh* ou	ايتمىه يدك	*etmeïeïduk ,*	nous ne fissions pas
	ايتمىه يدكز	*etmeïeïdeñiz ,*	vous ne fissiez pas
بولايكى *boulaiki,* plût à Dieu que	أيتمىه يديلر	*etmeïeïdiler ,*	ils ne fissent pas

PRÉTÉRIT.

ايتمهمش اولام	*etmemich olam ,*	je n'eusse pas fait

PRÉTÉRIT ANTÉRIEUR.

ايتمهمش اولايدم	*etmemich olaïdum ,*	je n'eusse pas fait,

CONJUGAISON

DES VERBES TERMINÉS EN منق.

IMPARFAIT.

الميه يدم	*ulmaïaïdum,*	je ne prisse pas.
الميه يدك	*almaïaïduñ,*	tu ne prisses pas.
الميه يدى	*almaïaïdi,*	il ne prît pas.
الميه يدق	*almaïaïduq,*	nous ne prissions pas.
الميه يدكز	*almaïaïdeñiz,*	vous ne prissiez pas.
الميه يديلر	*almaïaïdiler,*	ils ne prissent pas.

كاشكى
kiachki

كشكه
echkèh
ou
بولايكِ
ulaïki,
plût
Dieu
que

PRÉTÉRIT.

الممش اولام	*almamich olam,*	je n'eusse pas pris, etc.

PRÉTÉRIT ANTÉRIEUR.

الممش اولايدم	*almamich olaïdum,*	je n'eusse pas pris, etc.

x

CONJUGAISON

DES VERBES TERMINÉS EN مك.

———

SUBJONCTIF.

PRÉSENT.

ايتمز ايسم	*etmez issam ,*	je ne fais pas , etc.

IMPARFAIT.

ايتمسم	*etmessam,*	je ne faisais pas.
ايتمسك	*etmessañ,*	tu ne faisais pas.
ايتمسه	*etmessa,*	il ne faisait pas.
ايتمسك	*etmessak ,*	nous ne faisions pas.
ايتمسكز	*etmesseñiz ,*	vous ne faisiez pas.
ايتمسه لر	*etmessaler ,*	ils ne faisaient pas.

اكر
eghier
ou
eier,
si

PRÉTÉRIT.

ايتممش ايسم	*etmemich issam ,*	je n'ai pas fait , etc.

PRÉTÉRIT ANTÉRIEUR.

ايتمسيدم	*etmessaïdum ,*	je n'avais pas fait, etc.

SECOND PRÉTÉRIT ANTÉRIEUR.

ايتممش اولسيدم	*etmemich olsaïdum ,*	je n'eusse pas fait, etc.

FUTUR.

ايتممش اولورسم	*etmemich oloursam ,*	je ne fais pas , etc.

CONJUGAISON

DES VERBES TERMINÉS EN مق.

———

SUBJONCTIF.

PRÉSENT.

المز ايسم   *almaz issam*,   je ne prends pas, etc.

IMPARFAIT.

المسم   *almassam*,   je ne prenais pas.

المسك   *almassañ*,   tu ne prenais pas.

المسه   *almassa*,   il ne prenait pas.

المسق   *almassaq*,   nous ne prenions pas.

المسكز   *almasseñiz*,   vous ne preniez pas.

المسدلر   *almassaler*,   ils ne prenaient pas.

PRÉTÉRIT.

الممش ايسم   *almamich issam*,   je n'ai pas pris, etc.

PRÉTÉRIT ANTÉRIEUR.

المسيدم   *almassaïdum*,   je n'avais pas pris, etc.

SECOND PRÉTÉRIT ANTÉRIEUR.

الممش اولسيدم   *almamich olsaidum*,   je n'eusse pas pris, etc.

FUTUR.

الممش اولورسم   *almamich oloursam*,   je ne prends pas, etc.

اكر   *eghier* ou *eier*, si

CONJUGAISON

INFINITIF.

ايتممك	*etmemek,*	ne pas faire.

GÉRONDIFS.

ايتمز ايكن	*etmez iken,*	en ne faisant pas.
ايتميوپ	*etmeïup,*	n'ayant pas fait.
ايتميەرك	*etmeïerek,*	
ايتمينجه	*etmeïndjèh,*	
ايتمدكچه	*etmeduktchèh,*	
ايتمدكلا	*etmeduktèh,*	en ne faisant pas.
ايتممكله	*etmemektèh,*	
ايتممكيلد	*etmemeghilèh,*	

CONJUGAISON

DES VERBES TERMINÉS EN مق.

INFINITIF.

المـق   *almamaq,*   ne pas prendre.

GÉRONDIFS.

المز ايكن   *almaz iken,*   en ne prenant pas.

الميوپ   *almaïup,*   n'ayant pas pris.

الميـدرق   *almaïaraq,*

المينجـه   *almaindjèh,*

المدقچـه   *almaduqtchèh,*

المدقلـه   *almaduqtèh,*   en ne prenant pas.

المـقلـه   *almamaqtèh,*

الميـغيلـه   *almamaghilèh,*

CONJUGAISON

DES VERBES TERMINÉS EN مك.

———

PARTICIPES.

PRÉSENT INDÉCLINABLE.

اand ايتمز   *etmez*,   ne faisant pas.

PRÉSENT DÉCLINABLE.

ايتمين   *etmeïen*,   ne faisant pas.

PASSÉ INDÉCLINABLE.

ايتمش   *etmemich*,   non fait.

PASSÉ DÉCLINABLE.

ايتمدك   *etmeduk*,   non fait.

FUTUR.

ايتميدجك   *etmeiedjek*,   ne devant pas faire.

SECOND FUTUR.

ايتمملو   *etmemelu*,   ne devant pas faire (*ab-solument*).

CONJUGAISON

DES VERBES TERMINÉS EN مق.

PARTICIPES.

PRÉSENT INDÉCLINABLE.

الماز ou المز   *almaz,*   ne prenant pas.

PRÉSENT DÉCLINABLE.

المين ou الميان   *almaïan,*   ne prenant pas.

PASSÉ INDÉCLINABLE.

المش   *almamich,*   non pris.

PASSÉ DÉCLINABLE.

المدق   *almaduq,*   non pris.

FUTUR.

الميه جق   *almaiadjaq,*   ne devant pas prendre.

SECOND FUTUR.

الملو   *almamalu,*   ne devant pas prendre
(*absolument*).

OBSERVATIONS GÉNÉRALES

---

§ Ier. DU VERBE NÉGATIF.

183. Nous avons vu plus haut (n° 128) qu'à l'exception du négatif, tous les verbes dérivés suivent, dans leurs conjugaisons,
une marche uniforme et régulière : il devient donc nécessaire
d'examiner en quoi consiste l'exception, et jusqu'à quel point il
convient d'appliquer à la conjugaison des verbes dont la forme
indique une négation ou une impossibilité absolue, les règles précédemment exposées.

184. Le signe caractéristique du verbe négatif est le م intercalé
immédiatement après la radicale, dans tous les modes et temps ;
et il est à croire, au moyen de cette intercalation, que si le participe présent indéclinable se formait régulièrement, tous les temps
où ce participe présent existe , soit exprimé, soit sous-entendu ,
seraient assujétis aux règles communes; mais il n'en est point
ainsi: le participe indéclinable ne se termine point au négatif,
comme à l'affirmatif, par la lettre ر , mais bien par la syllabe مز,
qu'on écrit aussi ماز , et qu'on prononce *mez* ou *mas*, selon que
l'infinitif se termine en مك ou en مق; et de là naissent toutes
les anomalies.

185. En effet, qu'on jette un coup d'œil sur le paradigme précédent des verbes négatifs, et l'on s'apercevra bientôt qu'en général les temps qui indiquent une action passée se conjuguent avec

une parfaite régularité. Ainsi, ايتمدم *etmedum*, je n'ai pas fait, ne diffère de ايتدم *ettum*, j'ai fait, que par l'intercalation du م qui caractérise la négation. L'imparfait, le prétérit antérieur du subjonctif اتمسم *etmessam*, ايتمسيدم *etmessaïdum*, les participes ايتممش *etmemich*, ايتمدك *etmeduk*, etc., sont dans le même cas.

186. Dans tous les temps présents, au contraire, le participe en مز forme la négation; ainsi ايتمزم *etmezim*, ou par contraction ايتمم *etmem*, signifie je ne suis point faisant, je ne fais pas; ايتمزايسم *etmez issam*, si je ne fais pas; ايتمز ايكن *etmez iken*, en ne faisant pas, etc.

187. Cette règle souffre néanmoins quelques exceptions. Au présent de l'optatif, par exemple, on change en ى le ا final du participe indéclinable, et l'on dit يتميم *etmeïm*, pour éviter la confusion qui aurait nécessairement lieu si les deux formes étaient identiques; tandis que, d'un autre côté, le participe en مز entre dans la formation de l'imparfait de l'indicatif, quoique ce temps indique une action passée.

188. Les observations qui précèdent s'appliquent littéralement à la conjugaison du verbe impossible.

§ II. DU VERBE PASSIF.

189. Le paradigme de la conjugaison des verbes actifs peut servir de modèle et de règle pour celle des passifs. Remarquons néanmoins que le changement en ن du ل caractéristique de cette forme, a lieu dans toute la conjugaison : 1° lorsque la radicale du verbe se termine par une des lettres ى, ه, و, ا. Ex. ارامق *aramaq*, chercher, ارانمق *aranmaq*, être cherché; اوقومق ارانق

oqoumaq, lire, اوقونمق *oqounmaq*, être lu ; اودهمك *eudèhmek*,
payer, اودهنمك *eudèhnmek*, être payé; ديمك *dimek*, dire,
دينمك *dinmek*, être dit. 2° Lorsque cette terminaison est un ل.
Ex. بسلمك *beslemek*, nourrir, élever, بسلنمك *beslenmek*, être
nourri.

§ III. DU VERBE TRANSITIF.

190. Une remarque analogue s'applique à la conjugaison du
verbe transitif : la syllabe در, qui le caractérise, se change souvent en ت, après les verbes dont la radicale se termine par une
des lettres ه, ا, ل, ر, و. Ex. اراتمق *aratmaq*, et non اردرمق
aradurmaq, faire chercher; سمرتمك *semretmek*, engraisser;
اوتلتمق *otlatmaq*, faire paître; بيوتمك *büütmek*, faire grandir;
اودهتمك *eudèhtmek*, faire payer. Néanmoins, cette syllabe reparaît au participe présent indéclinable et dans tous les temps formés au moyen de ce participe (177), ainsi que la chose a généralement lieu pour les verbes dont la radicale se termine par un
ت, tels ايتمك *itmek*, faire; كيتمك *ghitmek*, aller, etc.

191. La règle qui précède ne s'applique pas toujours rigou-
reusement aux verbes terminés à la radicale par un ل; car on dit
très-bien الدرمق *aldurmaq*, faire prendre; بلدرمك *bildurmek*,
aire savoir; et même en tartare كلدرمك *gheldurmek*, faire venir;
d'où les Turks ont fait كتورمك *gheturmek*, apporter (étymologie
assez curieuse, dont l'exactitude est prouvée par le manuscrit en
caractères ouïgours de la Bibliothèque du Roi).

192. Dans certains cas, comme dans les verbes شاشرمق *cha-
chermaq*, troubler, كچرمك *ghetchermek*, faire passer, la syllabe در se change en ر, pour éviter le concours de deux lettres

trop dures. Mais ces cas sont rares, et le plus souvent on reste dans la règle commune. Ex. بارشدرمق *barichturmaq*, pacifier; اچدرمق *achturmaq*, faire ouvrir, etc.

§ IV. DE QUELQUES VERBES DE LA TROISIÈME PERSONNE.

193. Le verbe *il faut* se rend par كركدر *gherekdur* (littéralement, *nécessaire il est*); ce verbe est donc, en turc comme en français, l'un de ceux qu'on peut placer au rang des verbes de la troisième personne : néanmoins, on dit très-bien كتمك كركم *ghitmek ghereghim*, il faut que j'aille (littéralement, *aller nécessaire je suis*), كركسن *ghereksen*, tu es, etc. A la troisième personne, le verbe substantif est souvent sous-entendu.

194. Au lieu de *il pleut*, *il neige*, *il tombe de la grêle*, on dit يغمور يغر *iaghmour iaghar*, قار يغر *qar iaghar*, دولو ياغر *dolou iaghar* (littéralement, il pleut de la pluie, de la neige, de la grêle). Pour dire *il tonne*, *il vente*, on se sert des périphrases كوك گورلير *gheuk gheurleïur*, le ciel tonne, روزكار اسيور *ruzghiar asïur*, le vent souffle.

195. Le sujet vague qu'on exprime en français par le mot *on*, se rend en turc par la troisième personne du pluriel ou par la voie passive. Ex. ديرلر *derler*, ou دينور *dinur*, on dit, كيدرلر *ghiderler*, ou كيديلور *ghidilur*, on va.

CHAPITRE VIII.

DES POSTPOSITIONS.

196. Il n'existe point en turc de prépositions; ces sortes de mots, destinés à déterminer la nature des rapports qui peuvent

exister entre un terme antécédent et un conséquent, se placent après le dernier : il convient donc de les nommer *postpositions*.

197. Les lettres ou les syllabes indicatives des cas, dans la déclinaison des noms et des pronoms, sont de véritables postpositions.

198. Les autres postpositions sont ou des mots indéclinables ou des noms susceptibles d'admettre les affixes caractéristiques des cas et des pronoms possessifs.

199. Les principales postpositions indéclinables sont :

أشره	*achrèh*,	au-delà.
اوترو	*uturu*,	à cause.
اونه	*eutèh*,	outre.
اوزره	*uzrèh*,	sur.
اول	*ewel*,	avant.
اقدم	*aqdam*,	
ايچون	*itchun*,	pour.
ايچرو	*itchru*,	intérieurement.
ابله	*ilèh*,	avec.
برو	*beru*,	depuis.
تك	*tek*,	jusqu'à.
دك	*dèk*,	
دكين	*deghin*,	

دﻩ	*dèh*,	dans.
سز	*siz*,	sans.
صكره	*soñra*,	après.
غيرى	*g haïri*,	
ماعدا	*ma'ada*.	} indépendamment.
كبى	*ghibi*,	comme.
كوره	*ghurèh*,	selon, d'après.

200. Les postpositions اشره *achrèh*, اوزره *uzrèh*, دﻩ *dèh* et سز *siz*, s'offrent presque toujours unies au cas direct ou nominatif. Ex. سلانيك اشره *Selanik achrèh*, AU-DELÀ de Salonique; باش اوزره *bach uzrèh*, SUR la tête; شهـرده *chèherdèh*, DANS la ville; شبهسز *chubhèsiz*, SANS doute.

201. Les postpositions ايچون *itchun*, ايله *ilèh* et كبى *ghibi*, sont assujetties à la même règle; mais elles góuvernent quelque-fois aussi le génitif. Ex. بنم ايچون *benum itchun*, POUR moi; سنك ايله *senuñ ilèh*, AVEC toi; انك كبى *anuñ ghibi*, COMME lui.

202 Les postpositions دك *dek* ou دكين *deghïn*, et كوره *ghurèh*, régissent le datif. Ex. كون بازاره دك *ghun bazarèh dek*, JUSQU'A dimanche; بو زمانه دكين *bou zemanèh deghïn*, JUSQU'A ce temps; ديدككه كوره *dedighiñèh ghurèh*, SELON ou D'APRÈS ce que tu dis, ce que tu as dit.

203. Les postpositions اوترو *uturu*, اوته *eutèh*, برو *beru*, et صكره *soñra*, exigent l'emploi de l'ablatif. Ex. بزدن اوترو *bizden uturu*, A CAUSE de nous; دكزدن اوته *deñizden eutèh*, AU-DELÀ de

سفردن صكره ‫‬ *bir aïden beru*, DEPUIS un mois; برآیدن برو‫‬

seferden soñra, APRÈS la guerre. Il en est de même des adverbes
arabes اوّل *ewel* ou اقدم *aqdam*, غیری *ghaïri* ou ماعدا *ma'ada*,
qui sont fréquemment employés en turk comme postpositions. Ex.
اندن اوّل *anden ewel*, ou اندن اقدم *anden aqdam*, AVANT lui,
AVANT cela; بوندن غیری *bounden ghaïri* ou ماعدا *ma'ada*, IN-
DÉPENDAMMENT de ceci.

204. Il est encore une postposition indéclinable, qui se place
immédiatement après toute espèce de noms, de pronoms ou de
verbes; c'est la particule می *mi*, qui toujours indique l'interrogation. Ex.

اوكمی یاندی   *evuñ mi tandi*, est-ce ta maison qui a brûlé?

كیفكز ایومی   *keïfeñiz eïu mi*, votre état est-il bon ?

سن می سن   *sen mi sen*, est-ce toi qui es?

شاهدلری وارمی   *chahidleri war mi*, a-t-il des témoins?

205. Les postpositions susceptibles d'admettre les terminaisons
caractéristiques des cas et les pronoms possessifs, sont de vrais
noms déclinables.

Tels sont :   Exemples :

ارا *ara*, entre;   ارامزده *aramuzdèh*, entre nous.

ارد *ard*, derrière;   دوشمنك اردنده *duchmenuñ ar-
                                      dendèh*, derrière l'ennemi.

اشاغی *achagha*, qu'on   اغاجك اشاغاسنده *aghadjuñ
    prononce *achaa*,   *achagha sindèh*, au-dessous de
    dessous;   l'arbre.

الت *alt*, sous ; اياق التندﮤ *aïaq altendèh*, sous les pieds.

اورتﻪ *ortah*, milieu ; چای اورتﻪ سندن *tchaï ortasin-den*, du milieu du fleuve.

اوست *ust*, sur ; باش اوستنﻪ *bach ustunèh*, sur la tète, (*vulg.* volontiers).

ایﭻ *itch*, dans ; صندوق ایچنﻪ *sandouq itchinèh*, dans le coffre.

ایچرو *itcheru*, dedans ; قپودن ایچرو کیرمک *capouden itcheru ghirmek*, entrer par la porte.

ایلرو *ileru*, devant ; کروانﮏ ایـلـروسی *kervanuñ ilerusi*, le devant de la cara-vane.

بـين *beïn*, entre, parmi ; ایکی دولت ما بینندﮤ *iki dev-let ma beïnindèh*, entre deux puissances.

دیب *dip*, sous, au pied de. . . . طاغﻚ دیبنﻪ *daghuñ dibinèh*, au pied de la montagne.

طشرﮤ *dichra*, hors, de-hors ; حددن طشرﮤ *hadden dichra* hors de (toute) limite.

طرف *taraf*, côté ; طرفکزدن *tarafeñizden*, de votre côté.

قارشی *qarchi*, vis-à-vis ; قارشیﻪ کچمﻚ *qarchiah ghetch-mek*, passer vis-à-vis ;

یان *ian*, auprès ; کبارﮏ یاننﻚ *kibaruñ ïanindèh*, auprès des grands.

يوقرو *ïoqaru*, en haut;   يسوقـرودن دوشـمـك *ïoqaruden*

duchmek, tomber d'en haut.

CHAPITRE IX.

DES ADVERBES.

206. Indépendamment des expressions adverbiales et indéclinables dont le sens est suffisamment expliqué par les lexiques, les Turks ont trois manières de former leurs adverbes : 1° au moyen d'adjectifs pris adverbialement ; 2° au moyen de noms substantifs ou conjonctifs isolés ou suivis de diverses postpositions ; 3° par l'addition à certains adjectifs, de la particule جـه *djèh*, چه *ïchèh*, نجـه *indjèh*.

207. On peut ranger au nombre des adverbes indéclinables اوت *ewet* ou بلى *beli*, oui, certainement ; يوق *ïoq*, non ; پك *pek*, très, très-fort ; دمين *demïn*, dans l'instant ; هنوز *henouz*, tout-à-l'heure, etc.

208. Le nombre des adjectifs pris adverbialement est très-considérable, car outre les mots de ce genre tirés de leur propre langue, les Turks font un fréquent usage d'autres textuellement empruntés de l'arabe ou du persan ; et l'on sait que, dans la première de ces langues, il n'est aucun nom, aucun adjectif, aucun verbe, qui ne puisse devenir adverbe (1). Nous nous bornerons donc à transcrire ici les plus usités.

(1) M. de Sacy, *Principes de Grammaire générale*, pag, 71 ; — *Gramm. arabe*, tom. Ier, pag. 369.

ADJECTIFS ADVERBIAUX.

DE QUANTITÉ.

از	*az,*	peu.
چوق	*tchoq,*	beaucoup.
ارتق	*arteq,*	plus.
اكسك	*eksik,*	moins.
صق	*seq,*	souvent.
نادر	*nadir,*	} rarement.
سيرك	*seïrek,*	

DE QUALITÉ.

ايو	*eiu,*	} bien.
خوش	*khoch,*	
كوزل	*ghuzel,*	
بد	*bed,*	} mal.
فنا	*fena,*	
نافله	*nafilèh,*	inutilement.

DE TEMPS.

نيـز	*tis* ou *tez*,	vite.
چاپوق	*tchapouq*,	promptement.
ياواش	*ïawach*,	lentement.
اركن	*erken*,	de bonne heure.
كج	*ghetch*,	tard.

DE LIEU.

ياقن	*laqen*,	près.
اوزاق	*ouzaq*,	loin.
طوغرو	*doghrou*,	droit.
اكرى	*eghri*,	de travers.

D'AFFIRMATION.

كرجك	*ghertchek*,	vrai, véritablement.

DE NÉGATION.

يالان	*ïalan*,	faussement.

ADVERBES

FORMÉS AU MOYEN DE NOMS SUBSTANTIFS OU CONJONCTIFS ISOLÉS
OU SUIVIS DE DIVERSES POSTPOSITIONS.

1° ADVERBES DE TEMPS.

بو كون ,	*bou ghun,*	aujourd'hui.
دون ,	*dun,*	hier.
يارين ,	*ïarin,*	demain.
شهدى	*chimdi,*	maintenant.
صباح	*sabah,*	le matin.
چيك صباح ,	*tchiñ sabah,*	de grand matin.
اخشام .	*akhchâm,*	le soir.
اويلن	*euïlen,*	à midi.
كيجه ,	*ghidjèh,*	de nuit.
كيجه كوندز,	*ghidjèh-ghunduz,*	nuit et jour.
يازين ,	*ïazin,*	d'été.
قيشين ,	*qichin,*	d'hiver.
ياتسين ,	*ïatsin,*	à 3 heures après le coucher du soleil.

قوشلقن   *qouchlouqen*,   à 3 heures avant le cou-

cher du soleil.

ايكندیین   *ikïndiïn*,   aux trois quarts de la

journée.

بولدر   *bouldur*,   l'an passé.

كچنلرده   *ghetchenlerdèh*,   autrefois.

2° DE LIEU.

بوراده   *bouradèh*,

بونده   *boundèh*,   } ici.

شونده   *choundèh*,

انده   *andèh*,   là.

بروده   *berudèh*,   de ce côté-ci.

اوتهده   *eutèhdèh*,   de ce côté-là.

هریرده   *her ïerdèh*,   partout.

هيج بریرده   *hitch bir ïerdèh*,   nulle part.

صاغده   *sághdèh*,   à droite.

صولده   *sóldèh*,   à gauche.

ايچرده   *itcherdèh*,   dedans.

طشرده   *dichardèh*,   dehors.

3° INTERROGATIFS.

نه	*nèh,*	quoi ?
نيچون	*nitchun,*	pourquoi ?
نيجه	*nidjèh,*	comment ?
نه شكل	*nèh chikl,*	de quelle espèce ?
نرةيه	*nerèhïèh,*	où (vers quel lieu)?
نرةده	*nerèhdèh,*	où (dans quel lieu)?
قنيه	*qanièh,*	où ?
قیچ	*qatch,*	combien ?
قیچان	*qatchân,*	quand ?

4° DÉMONSTRATIFS.

ايشته *ou* أشته	*ichtèh,*	voici.

5° DUBITATIFS.

بلكى *ou* بلكه	*belki,*	peut-être.

EXPRESSIONS ADVERBIALES

TIRÉES DE LA LANGUE ARABE.

1° ADVERBES DE QUANTITÉ.

افراط	*ifrat*,	excessivement (1).
غايت	*ghaïet*,	extrêmement.
وافرًا	*vafiran*,	abondamment.

2° DE QUALITÉ.

اعلا	*a'ala*,	très-bien.
اكرامًا	*ikraman*,	honorablement.
رعايتًا	*ra'aïetan*,	respectueusement (2).
مرحمتًا	*merhametan*,	miséricordieusement.
معقولًا	*ma'aqoulan*,	convenablement.

---

(1) En turk, l'usage autorise souvent à supprimer la nunnation qui caractérise les adverbes arabes : ainsi, dans les exemples proposés, افراط est pour افراطًا, غايت pour غايتًا, etc.

(2) On dit aussi رعاتيله *ra'et iléh*, مرحمت ايله *merhamet iléh*, etc.

3° D'ORDRE.

اولًا	ewelan,	
ابتدًا	iptida,	d'abord.
مقدمًا	muqdaman,	
عقبتًا	aqibetan,	enfin.
نوبتًا	neubetan,	alternativement.
نوبتله	neubet ilèh,	

4° DE TEMPS.

حالًا	hala,	actuellement.
دايمًا	daïman,	toujours.
ابدًا	abedan,	jamais.
اصلًا	asslan,	absolument.
اتفاقًا	ittifâqan,	par hasard.

5° AFFIRMATIFS.

ظاهر	zâhir,	apparemment.
تحقيقًا	tahqiqan,	certainement.
صحيح	sahih,	sûrement.
مقرّرًا	muqarraran,	fermement.

خير	*khaïr,*	non (litt. mieux).
حاشا	*hacha,*	à Dieu ne plaise.
فقط	*faqat,*	seulement.
صورتًا	*souretan,*	en apparence.

209. La particule adverbiale جه !*djèh*, چه *tchèh*, ou ـنجه *indjèh*, s'ajoute, 1° aux noms ethniques ou d'habitants de lieux, de pays, de contrées. Ex. فرانسزجه *fransezdèh*, à la française; نمچه‌جه *nemtchedjèh*, à l'allemande; ترکچه *turktchèh*, à la turque; 2° à certains adjectifs arabes, turks ou persans. Ex. موجبنجه *moudjibindjèh*, conformément; اوغرنجه *oghroundjèh*, à la dérobée; خوشجه *khochdjèh*, bien, agréablement; 3° à certains noms composés, comme فارسی دلنجه *farsi dilindjèh*, selon la langue persane; عثمانلی عادتنجه *osmanli adetindjèh*, selon la coutume ottomane.

CHAPITRE X.

DES CONJONCTIONS.

210. L'office des conjonctions est de lier entre elles les diverses parties d'une phrase, ou plutôt les diverses propositions qui dépendent les unes des autres. En turk, les particules ou les expressions conjonctives destinées à remplir cet office, se placent ordinairement entre le terme antécédent et le terme conséquent du rapport qu'elles indiquent.

211. Ces conjonctions turkes sont simples ou composées (1). Les conjonctions simples sont celles qui sont exprimées par un seul mot ; les composées sont celles qui sont formées de plusieurs. On peut aussi donner à ces dernières les noms de phrases ou de locutions conjonctives.

212. Les principales d'entre les conjonctions simples sont :

ارتق	*arteq.*
اكر	*eghier* ou *eïer.*
اما	*amma.*
انجق	*andjaq.*
ايمدی	*imdi.*
پس	*pes.*
بله	*bilèh.*
تا	*ta.*
حتى	*hatta.*
دخى ou دﻩ	*dakhi* ou *dèh.*
زيرا	*zira.*
كﻩ	*ghiah.*

(1) Ce n'est pas sans regret que nous admettons cette distinction repoussée par Beauzée ; mais, malgré l'opinion de ce savant grammairien, il nous semble qu'un grand nombre de locutions conjonctives peuvent, sans inconvénient, être classées parmi les conjonctions.

aa

كرك   *gherek.*

كنه ou نه   *ghenèh ou inèh.*

كويا   *gheuïa.*

كه   *ki.*

مكر   *meghier* ou *meier.*

نه   *nèh.*

و   *ve.*

يا ou ياخود   *ia ou iakhod.*

213. Le nombre des conjonctions composées ou des locutions conjonctives est trop considérable pour entrer convenablement dans des éléments de grammaire; c'est proprement au dictionnaire et à l'usage à en faire connaître les différentes significations. Nous nous bornerons donc à proposer comme exemples:

اكرچه   *eïertchèh.*

الا   *illa.*

بويله   *beuïlèh.*

چونكه   *tchun ki.*

شويله   *cheuïlèh.*

صانكى   *san ki.*

طوتكى   *tout ki.*

فارضاكه   *fareza ki.*

كو ياكه   *gheuïa ki.*

مادام كه   *ma dam ki.*

يوخسه   *iokhsa.*

OBSERVATIONS

SUR LES CONJONCTIONS SIMPLES.

214. L'adjectif adverbial أرتق *arteq* signifie *plus* (2o8); mais il est souvent employé comme conjonction, dans le sens de *au reste*, *au surplus*. Ex. أرتق سن بندن ايو بلورسن *arteq sen benden eïu bilursen*, AU RESTE, tu le sais mieux que moi; بروسهيه أرتق كدلمز *Boursaïah arteq ghidilmez*, on ne va PLUS à Brousse.

215. La conjonction أكر *eghier* (qu'on prononce le plus souvent *eïer*) est conditionnelle, et précède toujours le verbe au mode subjonctif. Exemple : أكر هر استدكى ديرسك سندن أوتهرو استهدكى ديرلر *eïer her istedugheñi dersañ, senden uturu istemedugheñi derler*, SI tu dis tout ce qu'il te plaît (de dire), on dira de toi ce que tu ne voudrais pas qu'on dît.

216. Les conjonctions أمّا *amma* et انجق *andjaq* sont adversatives et signifient *mais*. Ex. سويلمزأمّا بلور *seuïlèmez amma bilur*, il ne parle pas, MAIS il sait; انجق شو شرطيله كه *andjaq chou chartileh ki*, MAIS avec cette condition que.

217. La conjonction ايهدى *imdi* peut être appelée *conclusive*, et être traduite par *donc*; on la place indifféremment avant ou après le verbe. Ex. ايهدى كل *imdi ghel*, viens DONC, ou بقهلم ايهدى *baqalum imdi*, voyons DONC.

218. La conjonction يـس *pes* est peu usitée; elle signifie *or*; on la joint à la précédente. Ex. پس ايبدى نه وجهـيله يازملو ايز *pes imdi nèh vedjhilèh iazmalu is*, or donc, de quelle manière devons-nous écrire?

219. La conjonction périodique بله *bilèh*, même, sert à donner plus d'énergie au discours. Ex. تجربه ايتمهدكك ادنيله بله طورمه *tedjribèh etmedughuñ adamilèh bilèh dourmah*, ne t'arrête (même) pas avec un homme que tu n'as point éprouvé. En tartare, cette particule بله *bilèh* n'est point une conjonction, mais un adverbe qu'on doit traduire par *avec*. Ex. يتمش ميك فرشتالر بله *ïetmich mûñ ferichtaler bilèh*, avec soixante et dix mille anges.

220. تا *ta* est une conjonction persane moins usitée dans le discours que dans l'écriture; elle signifie, *jusqu'à ce que*, *pour*, *afin que*.

221. حـتـى *hatta* est un adverbe arabe qui s'emploie comme conjonction dans le sens de *et même*, *au point*, *tellement que*.

222. Les conjonctions دخى *dakhi* (qu'on prononce *daha*) et ده *dèh* sont augmentatives et copulatives; elles signifient *encore*, *aussi*, *même*, *et*. Ex. بو دخى مناسـب *bou daha munasib*, ceci encore (est) convenable; بلد يككى سويلرسن بلدككى دخى هر يرده سويله *bilmedughiñi seuïlersen*, *bildughiñi daha her ïerdèh seuïlemèh*, tu parles de ce que tu ignores; ne parle pas en toute occasion, même de ce que tu sais. سنده قلم طوتتدك بنـك رقـم ايتدم *sen dèh qalem touttuñ ben dèh raqam ettam*, tu as pris la plume, et j'ai fait le calcul.

223. L'adverbe arabe زيرا est conjonctif en turk, et signifie *car*, *parce que*.

224. Les conjonctions كاه *ghiah* et كرك *ghèrèk* sont alterna-

tives; la première est persane, et la seconde est turke : l'une et l'autre signifient *soit, tantôt*. Ex. كاه روانـى و كاه كـركـوك

طـرفنك اولان بعض محللرى ghiah Rewani, ghiah Kerkouk tara-findèh olán ba'az mahalleri, certains lieux situés, soit auprès d'Erivan, soit auprès de Kerkouk ; كـرك اللـهك حضورنـده

كـرك سـزك حضوركزده gherek sizuã huzourenizdèh, gherek Allahuã huzourindèh, soit en votre présence, soit en présence de Dieu.

225. La conjonction augmentative كنــه signifie *encore, et encore*. (Les Tartares écrivent ينه et prononcent *inèh*.) Ex.

نور عالملر طوتوپ طـورمشلرينه بر عالمك قـاتنـلك nour a'lemler toutoup dourmiehlar, inèh bir a'lemuñ qatindèh... ils restaient tenant des drapeaux de lumière, ET ENCORE auprès de chaque drapeau...

226. Le mot كه *kih* ou *ki* (كيم ou كى qu'on écrit en tartare) s'emploie comme adjectif conjonctif et comme conjonction déter-minative : nous avons indiqué ci-dessus (nᵒˢ 86 et 87) les cas où ce mot est pris dans la première de ces acceptions ; les exemples suivants feront voir en quelles circonstances il doit être considéré comme conjonction :

أخرة تداركنى دنيـاده حاصر ايله كه أخرتنـده زحمت چكميه سن akhiret tedarekini duniadèh házer eïlèh, ki akhirettèh zahmet tchek-meïessen fais en ce monde tes préparatifs pour la vie future, AFIN DE n'avoir pas de peines à souffrir dans l'autre; نمـودﮬ محبّـانـﮯمـز

بودركه nemoudèh'i muhibbanèh muz bou dur ki, notre exposition amicale est QUE (1); انـدن صكرا كوردوم كيم *anden soñra gheur-*

____

(1) Cette formule offre, dans les mots نمـوده محبّـانه *nemoudeh'i muhibbaneh*, un exemple de l'espèce d'annexion que les grammairiens désignent sous le nom de

dum kim, après cela, je vis QUE..... جبرايلـدن صـوردوم کـی

Djebraïlden sourdum ki, je demandai à Gabriel si....

Cette conjonction, précédée de divers adverbes, ou de divers noms pris adverbialement, entre dans la composition de plusieurs locutions conjonctives.

227. La conjonction مکـر *meïer* est conditionnelle, et signifie *si ce n'est*. Ex. اسکی عادت کسلمز مکرزحمه ایله *eski a'det kesil-mez meïer zahmet ilèh*, une ancienne habitude ne se détruit qu'avec peine, (littéralement) SI CE N'EST avec peine (1).

228. La conjonction نه *nèh* est copulative; elle signifie *ni* ou *ne*; on la répète quand il s'agit de distinguer ou d'énumérer. Ex.

نه فـقرکدن شکایت ایله نه زنلککدن حکایت ایله *nèh faqriñden chekiaïet eïlèh, nèh zenlighiñden hekiaïet eïlèh*, NE te plains pas de ta misère, NE te vante pas de ta richesse.

Il faut éviter de confondre cette conjonction avec l'adjectif conjonctif نـه *nèh*, dont l'emploi a été suffisamment expliqué ci-dessus (nᵒˢ 91 et 99).

229. La conjonction copulative و *ve*, est à peu près inusitée dans la langue vulgaire et chez les Tartares; on y supplée par la fréquente répétition des gérondifs, destinés à indiquer la suspension du sens et à lier les propositions. Ex. کیدوپ کلمک *ghidup ghelmek*, aller (ET) venir; باقدقده اچوپ *atchup baqtuqtèh*, en ouvrant (ET) en regardant; بونلر منی کوروپ سلام قیلدیلر *boun-lar meni gheurup, selam qildilar*, ceux-là m'ayant vu, (me) sa-luèrent.

_____

أضافة لفظية *izafet lafzïet.* (*Voyez* ci-dessus, page 18, nᵒ 43, et la Grammaire de Meninski, tom. II, page 11).

(1) Le mot مکر *meïer*, pris adverbialement, signifie aussi *forté*, par hasard.

230. Les conjonctions disjonctives يا *ia* et يا خود *iakhod* signifient *ou, ou bien.* Ex. يا هپسنى بردن ویرم یا براقچه ویرم
hepisini birden virurum , ia bir aqtchèh vermem , ou je donne tout
d'une fois , ou je ne donne pas un aspre.

On supprime ces mots disjonctifs devant les noms de nombre,
et lorsqu'on peut le faire sans nuire à la clarté du sens. Ex. بش
اون یکرمی کشی *bech, ôn , ighirmi kichi ,* cinq, dix, ou vingt
personnes.

OBSERVATIONS

SUR LES CONJONCTIONS COMPOSÉES.

231. La conjonction اكرچه *eïertchèh* paraît composée de la
conjonction conditionnelle اكر *eïer si,* et de la particule چه *tchèh;*
l'une et l'autre sont d'origine persane. Leur réunion signifie *quoique, bien que, quand même.* Ex. اكرچه زید عقللو ایم ظنّ ایدرسه
eïertchèh Zeïd a'qellu îm zann edersah, QUOIQUE Zeïd pense être
intelligent.

232. La conjonction exceptionnelle الّا *illa* est composée de la
conjonction انْ et de l'adverbe négatif لا ; on doit la traduire par
excepté , sinon.

233. بو ایله *beuïlèh* et شوبله *cheuïlèh* se composent des pronoms
démonstratifs بو *bou* et شو *chou ,* suivis de la postposition ایله
ilèh. Ces mots signifient littéralement *avec cela , avec ceci , ainsi.*

234. La conjonction causative چونكم *tchun ki* signifie *attendu que, puisque.* Ex. چونكم مملكتلر ینك نظامى پریشان
اولمغیله *tchun ki memleketlerinuñ nizami perichân olmaghilèh ,*

ATTENDU QUE l'administration de leur pays était dans un fâcheux
état.

235. Les locutions conjonctives صانكه *san ki*, طونكه *tout ki*,
فارضاكه *fareza ki*, كوباكه *gheuïa ki*, dérivent des verbes turks
صانمق *sanmaq*, penser, طوتمق *toutmaq*, tenir; de l'adverbe
arabe فارضا *farezan*, supposé, et du verbe persan كفتن *ghuften*,
dire, suivis de la conjonction déterminative كه *ki*; on peut donc
traduire ces mots par *pensez que, tenez que, supposez que, dites
que*; dans l'acception la plus habituelle, ils signifient *comme,
comme si, supposé que*.

236. La locution conjonctive مادام كه *ma dam ki* se compose
des deux mots arabes ما دام *ma dam*, et de la conjonction déter-
minative كه *ki*; on traduit cette locution par *tant que, tandis que*.
Exemple:

مادام كه بو دنياده صاغ اولدقچه بلادن و تجربهدن خالى اولمق
ممكن دكل در *ma dam ki bou duniadèh sagh olduqtchèh, beladen
ve tedjribèhden khali olmaq mumken deïl dur*, TANT QUE, OU
TANDIS QUE l'on existe en ce monde, il n'est pas possible d'être
exempt d'épreuves et de malheurs.

237. يوخسه *iokhsa* est une conjonction disjonctive dont le sens
est *si ce n'est, sinon*. Ex. كوزمزى اچالم يوخسه اچهرلر *gheuzu-
muzi atchalum iokhsa atcharler*, ouvrons les yeux, SINON on (nous
les) ouvrira.

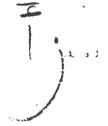

CHAPITRE II.

DES INTERJECTIONS.

238. Les Turks n'ont dans leur langue qu'un petit nombre d'interjections; car on ne saurait donner ce nom à des mots tels que يــازق *áferin*, courage; حاشا *hácha*, à Dieu ne plaise; افرين *iazeq*, il est dommage, et autres de même nature, qui appartiennent sans doute au raisonnement et au langage de l'esprit, mais qui ne sont point des expressions de diverses situations de l'ame.

239. L'interjection ا est ordinairement explétive; elle se place le plus souvent à la fin de la phrase. Ex. أ بــاق ســن *baq sen a*, regarde, toi, EH! وارا انڭ قــولاى *anuñ qoulaï war a*, oH! il y a un expédient à cela.

240. Les interjections أخ *akh*, ٨ا *ah*, واٸ *wah*, واى *waï*, هــاى *haï*, expriment la douleur; on peut les interpréter par *hélas!* etc.

241. Les interjections برٸ *brèh*, بــهى *beheï*, يا *ïa*, et اى *eï*, servent à appeler; cette dernière est quelquefois affirmative. Ex. والله اى *eï wallah*, oui, par Dieu!

242. په *poh* exprime l'admiration.

243. سوس *sous* signifie *chut!*

244. ٨ا يدٸ *haïdèh* sert à presser la marche des hommes et des animaux, et quelquefois aussi à exprimer l'aversion et l'éloignement.

ÉLÉMENTS

DE LA

GRAMMAIRE TURKE.

TROISIÈME PARTIE.

SYNTAXE.

CHAPITRE PREMIER.

CONSTRUCTION DES PHRASES.

245. Nous considérerons d'abord dans la syntaxe turke le système général de la construction des phrases, et en second lieu les règles de la concordance et les signes choisis pour marquer les rapports des mots.

246. La construction turke est inverse de la nôtre, en sorte qu'il suffit le plus souvent de renverser une phrase française pour obtenir une phrase turke construite régulièrement. Ex. اولدرمه ديو تنبيه ايتدى *euldurmèh deïu tenbih etti*, il recommanda de ne pas tuer (litt. ne tue pas, en disant, recommandation il fit);

أحوالى تمام بيان اولنجه *ahwali tamam beïan oloundjèh*, jusqu'à

. ce que l'état des choses soit expliqué complétement (litt. l'état complétement expliqué jusqu'à ce que soit).

247. Dans toute proposition ayant pour objet le récit d'un fait, les Turks énoncent d'abord l'époque ou les circonstances de temps, puis celles de lieu, puis la nature, puis enfin l'objet de l'action ; le verbe se trouve toujours à la fin. Ex. دونكى كون قوبق كنارنده كندوتازبلراليم آولايان حلب واليسى كوردم *dunki ghun Coïk kenarindèh kendu taziler ilèh awlaïan Haleb walisi ghurdum ,* j'ai vu hier le gouverneur d'Alep chassant sur les bords du Coïk, avec ses chiens (litt. hier-jour, Coïk rivage-son-dans, propres chiens-ses-avec, Alep gouverneur-son j'ai vu);غرة ماه محرمك عزيت واونجى جهارشنبه كونى ابتدا سرحد عجميه دخول اولندى *ghouré'i mah muharremuñ a'zimet , we onoundji tchehar-chenbèh ghuni iptida serhadd a'djemièh doukhoul oloundi,* le départ eut lieu dans le commencement du mois de muharrem, et la première entrée sur le territoire persan, le 10 du même mois qui était un mercredi (litt. commencement du mois de mu-harrem le départ, et le dixième mercredi jour, d'abord aux frontières de Perse l'entrée eut lieu).

248. Comme le verbe peut être primitif ou dérivé, affirmatif ou négatif, transitif ou réciproque, et comme il est destiné à indiquer le temps soit passé , soit présent, soit futur de l'action, il est évi-dent que le sens d'une phrase reste suspendu jusqu'à ce qu'on ait trouvé le verbe final.

249. Il résulte de cette suspension du sens, que les Turks font un fréquent usage de gérondifs et de participes, embarrassants au pre-mier coup d'œil, mais qui, dans la langue écrite, ont l'avantage de dispenser de toute espèce de ponctuation (nº 176).

250. Ces gérondifs et participes sont principalement ceux qui se terminent :

1° En وپ *eup* ou en اوپ *oup*.

Ex. بغداد قلعه سنه كلوپ انى محاصره ايتدى *Baghdad cala, sinèh ghelup ani muhasserèh etti*, étant venu à la citadelle de Bagdad, il en fit le siége (litt. de Bagdad à sa citadelle étant venu, l'action d'assiéger il fit).

2° En دكده *duktèh* ou en دقده *duqtèh*.

Ex. پادشاهه عرض اولندقده سلطانلره تنبيه ايتدى *padichah ha arz olounduqtèh, sultanlerèh tenbih etti*, (la chose) *ayant été représentée* à l'empereur, celui-ci donna des ordres sévères aux sultans.

3° En دكنده *dughindèh* ou en دغنده *doughindèh*.

Ex. خان اولمسنه رجا ايلدكنده *khan olmasinèh rodja eïldughindèh*, ayant demandé qu'il fût fait khan (litt. khan à son être prière *ayant fait*).

4° En جك *djek* ou en جق *djaq*.

Ex. ايكى طرفدن قتال ظاهر اوليجق *iki taraften qital zaher olidjaq*, des deux côtés le combat *paraissant devoir* commencer.

5° En كيله *ghilèh* ou en غيله *ghilèh*.

Ex. وزير مشار اليهك سپارشى اوالمغيلهانى قفاسندن اوروپ اولدردیلر *vezir muchar ilèhuň separechi olmaghilèh ani qafasinden wouroup euldurdiler*, d'après l'ordre du susdit visir, *l'ayant frappé* par derrière, il le tuèrent.

6° En كچه *ktchèh* ou en قچه *qtchèh*.

Ex. ممكن اولدقچه *mumken olduqtchèh*, autant qu'il est ou qu'il sera possible.

7° En نجه *indjèh*.

Ex. خانه مزه كلنجه الاى ترتيب ايدرلردى *khanèh mzèh ghelindjèh alaï tertib ederlerdi*, jusqu'à l'arrivée à notre maison, ils disposaient (les troupes) en ordre.

8° En رق *raq.*

Ex. منزله بركسون قالارق *menzilèh bir ghun qalaraq*, à une journée de la station.

251. Les Turks, pour suspendre le sens de leurs phrases, font également usage de diverses locutions verbales. Ex. كلمزدن اول مقاتله ايلدكلرندن صكرا *ghelmez den ewel*, avant de venir; *muqatilèh eïleduklerinden soñra*, après qu'ils eurent combattu; ديديكنه كوره *dedeghinèh ghurèh*, conformément à ce qu'il a dit; بيور لدئى موجبنجه *bouïourldughi moudjibindèh*, d'après ce qui a été ordonné; شرح او لندغى اوزره *cherh oloundughi uzrèh*, ainsi qu'il a été expliqué.

252. Lorsque la proposition est faite au nom d'un interlocuteur autre que celui qui parle, lorsqu'il s'agit d'une citation ou d'un exemple, les Turks se servent du gérondif ديو *deïu* au lieu de ديوب *deïup*, *en disant*, *dit-il*, qui dans l'écriture remplace nos mots soulignés, nos mots en caractères italiques, nos guillemets. Ex. بر التون كوپرى واردر ديو روايت ايدرلر *bir altun keupri wardur deïu rewaïet ederler*, on raconte (en disant) qu'il y a un pont d'or.

253. Bien que, d'après les règles de la construction turke, le verbe doive se trouver toujours à la fin, il est remarquable cependant que le participe présent déclinable précède ordinairement le nom auquel il se rapporte. Ex. شروان خانى اولان ارس خان *Chirwan khani olan Arès khan*, Arès khan *qui est* gouverneur du Chirwan; مملكتنده ساكن اولان ادملر *memlektèh saken olan adamler*, les

hommes *qui demeurent* dans le pays; قورتلان بكلر qortoulan begler,
les princes qui se sauvèrent (litt. se sauvant).

254. La même règle s'étend aux participes arabes et persans. Ex.
وندیك تقریبا التمش خرده جزیره لری مشتمل برشهر عظیمدر
*Venedik taqriban altmich khordèh djeziréhleri muchtemil bir cheher
a'zimdur*, Venise est une grande ville *qui comprend* environ soixante
petites îles.

255. En turk, le verbe substantif est très-souvent sous-entendu.
Ex. نیچون باشکز اچق *nitchun bacheñiz atcheq*, pourquoi votre
tête (*est-elle*) découverte; نرم برناحیه بی آبدر لکن معمور *Nerem
bir nahièh bi âb dur lakin ma'mour*, Nerem est un canton sans
eau, cependant (*il est*) peuplé; جایز دكل *djaïz deïl* pour
دكلدر *djaïz deïl dur*, (*il n'est*) pas permis.

256. On sous-entend souvent aussi les personnes. Ex. هر کیم سكا
کملك ایده سن ایلیك ایله *her kim saña kemlik edèh sen eïlik
eïlèh*, quiconque te fait du mal, toi fais (*lui*) du bien.

257. L'interrogation s'exprime par la particule می *mi*, qui s'a-
joute soit au verbe, soit au nom. Ex. کیدرمی *ghidermi*, va-t-il?
حظ ایدرمیسن *hazz edermisen*, te plaît-il? او می بومی *ô mi bou
mi*, (*est-ce*) celui-là ou celui-ci? Cette particule supplée par
conséquent, dans l'écriture, à notre point interrogatif.

258. Dans la langue parlée, on peut répondre à de telles ques-
tions par les adverbes affirmatifs اوت *ewet*, بلی *beli*, oui; par
les négatifs خیر *khaïr*, یوق *ïoq*, non, ou par les phrases dubita-
tives ظاهر *zaher*, apparemment, بللودكل *bellu deïl*, il n'est pas
certain, تخمینا *takhminan*, احتمال کیچر *ihtimal ghetcher*, il est
à conjecturer; mais quand la réponse est péremptoire, il vaut
mieux répéter la proposition. Ex. کوردكمی *ghurduñ mi*, as-tu

vu? — Réponse : كوردم *ghurdum*, j'ai vu, ou كورمدم *ghurme-*
dum, je n'ai pas vu.

CHAPITRE II.

CONCORDANCE DES NOMS ET DES SIGNES CHOISIS POUR MARQUER
LES RAPPORTS DES MOTS.

259. L'adjectif précède ordinairement le substantif, et reste
alors indéclinable. Ex. كوزل ادملره *ghuzel adamleréh*, aux beaux
hommes.

260. Les noms de nombre sont dans le même cas. Ex. ايكى
بيك اتلو ايله عمر بكى تعين ايتديلر *iki biñ atlu iléh Omar*
beghi ta'in ettiler, on désigna Omar beg avec mille cavaliers (litt.
avec *mille cavalier*).

261. Lorsque c'est l'adjectif qui suit, il prend seul la terminaison
des cas. Ex. بر شهر عظيمه داخل اولدم *bir cheher a'zinéh dakhil*
oldum, je suis entré dans une grande ville.

262. On a vu dans la première partie (52), que, pour exprimer
les divers degrés de comparaison, les Turks emploient la forme
latine; ajoutons ici que dans ce cas, le substantif précède toujours.
Ex. شجاعتده رستمدن اقوا و سماحتده حاطمدن اسخا ايدى
chedja'attéh rustemden aqoua ve semahattéh hattemden askha idi,
il était plus brave que Rustem, et plus généreux que Hatem.

263. Divers adjectifs tels que طولو *dolou*, plein, خالى *khali*,
vide, exigent que le nom qui précède soit mis à l'ablatif. Ex.
ميواه دن طولو *meïvaeden dolou*, plein de fruits; عقلدن خالى
a'qlden khali, depourvu d'intelligence.

264. D'autres, et c'est le plus grand nombre, régissent le datif.

Ex. ذكره لايق *zikrèh laïq*, digne de mémoire; قـتـله مستحـق *qi-tlah mustahhaq*, méritant la mort; علـه طالب *i'lmèh taleb*, dési-reux de science; ايـتـيكـه قـادر *itmeghèh qadir*, capable de faire, اعتـقاده قابل *i'tiqadah qabil*, susceptible d'être cru.

265. Pour exprimer le rapport direct d'un nom avec un autre nom, les Turks mettent le premier des deux au génitif, et font suivre le second du pronom possessif affixe de la troisième per-sonne. Ex. درویشـك بری *dervichuñ biri*, l'un des derviches; پاشانـك باباسی *pachanuñ babassi*, le père du pacha.

266. Lorsque le sens l'exige, ce pronom affecte égalem ent les deux noms. Ex. شهرينـك ذخايری *cheherinuñ zakhaïri*, les approvi-sionnements de sa ville (litt. de *sa* ville *ses* approvisionnements).

267. Lorsque le sens est indéfini ou que l'un des deux substan-tifs sert de complément à l'autre, le premier reste indéclinable, mais le second conserve l'annexion du pronom possessif de la troi-sième personne. Ex. پـاشـا اوغلی *pacha oghli*, fils du pacha; بـچ شهری *Betch cheheri*, la ville de Vienne.

268. On a vu plus haut (n°ˢ 106 et 108) que le ن euphonique, dont le pronom possessif affixe de la troisième personne est affecté, dans tous les cas autres que le nominatif, suffit souvent pour indiquer la présence de ce pronom. Le 192ᵉ proverbe qui se trouve à la fin de notre grammaire, offre un exemple remarquable de l'application de cette règle. كنارن كور بزيـن ال انـاسن كور قزيـن ال *kunareñ ghur bezïn al, anassin ghur qezïn al*, (litt.) vois *sa* lisière, prend *sa* toile, vois *sa* mère, prends *sa* fille.

269. Les personnes qui se piquent de parler et d'écrire avec élé-gance, font un fréquent usage de l'annexion grammaticale em-ployée par les Persans et désignée sous le nom de اظافت لفظيـه

izafet lafzièh. Ex. يمشى شيرين *Iemichi chirin*, un fruit doux;
اهوى كوزل *ahwai ghuzel*, un beau cerf.

270. On a vu par ce qui précède (n° 259) qu'il n'existe en turk
aucune règle précise de concordance entre l'adjectif et le substantif : il y a plus ; il arrive souvent qu'un nom étant au pluriel, le
verbe reste au singulier. Ex. ايرته سى كون خصملر كلمدى *irtèhsi
ghun khissimler ghelmedi*, (litt.) le lendemain les parents *ne vint
pas*; انلر كيتدى *anler ghitti*, (litt.) ceux-là *partit*.

271. Les Turks, lorsqu'ils parlent à un inférieur ou à un égal,
se servent de la deuxième personne du singulier ; lorsqu'il s'agit
d'une personne à laquelle ils veulent témoigner du respect, ils
emploient la deuxième et même la troisième personne du pluriel.
Ex. محمد افندى حضرتلرى نه بيورديلر *Muhammed effendy
hazretleri nèh bouïourdiler*, (litt.) qu'ont ordonné *leurs excellences*
Mohammed effendi.

272. Les postpositions caractéristiques des cas obliques se placent toujours après les qualités attributives des noms. Exemples.

Pour le génitif :

سابق قريمده خان اولوپ فرار ايدن سيد احمد خانك

sabeq Qrimdèh khan oloup ferar eden Seïd Ahmed khanin,
de Seïd Ahmed khan qui s'était enfui, après avoir été précédemment khan de Crimée.

اخر زمان پيغمبرى حضرت محمد صلى الله عليه و سلمك شكليدر

*akher zeman peighamberi hazret Muhammed sala Allah aleï'hi ve
sellemuñ chekli dur*, (litt.) dernier des prophètes, S. E. Muhammed, sur qui soient le salut et la miséricorde divine *du*, c'est le
portrait.

Pour le datif :

دولتلو عنا يتلو مرحمتلو حسن پاشا حضرتلرينه *devletlu i'naïetlu merhemetlu Hassan pacha hazretlerinèh*, fortuné, secourable, compatissant Hassan pacha leurs excellences *à*.

Pour l'accusatif :

سفيربى نظيرى ارسال ايتديلر *sefir by naziri irsal ettiler*, ambassadeur sans pareil *un* ils envoyèrent.

Pour l'ablatif :

بوزيلان دونمهالردن بـيراقلراندە قوديلر *bouzilan donounmaler den beïraqler andèh qoudiler*, ils placèrent là les pavillons flottes vaincues *des*.

273. Le motif de la règle qui précède est que les Turks considèrent les noms affectés de qualités attributives, comme de véritables noms composés; c'est ainsi qu'ils disent بيت المقدسه واردى *beit ul muqaddessèh wardi*, il est allé à la *ville-sainte* (Jérusalem);

بو واضع سمع والى مصرە واصل اولوپ *bou wazé' sam'wali missrèh wassel oloup*, ce fait étant parvenu à la connaissance du gouverneur de l'Égypte (litt. ce fait, connaissance-gouverneur-Égypte *à la* étant parvenu).

274. Il en est de même de la particule لو *lu*, qui indique la possession ou l'appartenance. Ex. اق صقاللو *aq saqallu*, à barbe blanche; كوزل يوزلو *ghuzel luzlu*, de belle figure.

275. L'affixe caractéristique du pluriel ne se place également qu'à la fin des mots composés. Ex. صكراكيلر *soñrakiler* les suivants (litt. après qui ceux); انكيبى لر *anuñ ghibi ler*, ceux qui comme lui (litt. de lui comme ceux).

276. Ce même affixe s'ajoute quelquefois aux pluriels arabes. Ex. نقصيراتلرنى باغشلادى *taqssiratlerini baghichladi*, il pardonna ses fautes.

OBSERVATIONS GÉNÉRALES SUR LES VERBES.

———

277. En turk, il existe un grand nombre de verbes qui régissent le datif, et d'autres qui régissent l'ablatif; mais la liste que nous pourrions donner de ces verbes serait nécessairement incomplète. C'est par l'usage et dans les lexiques qu'on apprendra qu'on ne dit point en turk, être jaloux *d'un* homme, mais, être jaloux *à un* homme; être digne *de* mort, mais être digne *à* mort; regarder quelque chose, mais regarder *à* quelque chose.

278. L'infinitif est constamment déclinable et susceptible de prendre les affixes des pronoms; de même qu'en français nous disons le savoir pour la science, le sourire pour l'action de sourire, le toucher pour le tact, les Turks disent l'écrire pour l'écriture, l'arriver pour l'arrivée, le frapper pour le coup.

279. Les participes déclinables, soit présents, soit passés, sont quelquefois considérés comme de véritables noms. Ex. كـلنلـر كيتدى *ghelenler ghitti*, les personnes *qui venaient* s'en allèrent; اشياء زده أصلنهدق بـرشى قالمدى *achiamuzdèh asslanmaduq bir cheï qalmadi*, il ne resta rien de nos effets *qui n'eût été mouillé*.

280. Le participe indéclinable prend quelquefois une signification adjective. Ex. اوقومش ادمدر *oqoumich adamdur*, c'est un homme lettré (litt. *qui a lu*); اللهدن قـورقـر *allahden qorqar*, craignant Dieu.

281. La troisième personne du subjonctif est souvent employée dans un sens adverbial. Ex. تاشكند ايسه نّقو يبده مذكور دكلدر *tachkend issa, teqouïmdèh mezkiour dcïldur*, quant à ce qui con-

cerne (litt. *soit*) Tachkend, il n'en est pas fait mention dans
(l'ouvrage intitulé) *Teqouïm el Buldan*.

282. Cette troisième personne est également employée à la suite
de certains adverbes. Ex. چون زند اوله ينه خلاص اولق سهلدر
tchun zend olah inèh khelass olmaq seheldur, puisqu'il est (litt.
puisqu'il soit) vivant, sa délivrance est facile.

APPENDICE.

APPENDICE.

Les feuilles qui suivent contiennent divers morceaux propres à exercer les commençants à la lecture des textes originaux, et à les familiariser avec les principes de la langue : ce sont, 1° quelques dialogues; 2° un vocabulaire par ordre de matières; 3° un recueil de proverbes turks; 4° une relation de la bataille navale de Tchechmèh; 5° deux bouïourouldis ou ordres visiriels; 6° un firman; 7° trois passages extraits du *Mi'radj* et du *Tezkere'ï Evlia*. Ces derniers morceaux sont précédés d'un alphabet turk, d'un alphabet ouïgour et de deux planches destinées à donner une idée suffisante de la manière dont les caractères neskhis sont tracés dans les meilleurs manuscrits.

Le recueil des proverbes a pour objet de faciliter l'intelligence d'un grand nombre de locutions fréquemment usitées dans la conversation ordinaire, et qu'on retrouve même dans les bons auteurs. Dans ces proverbes, la trivialité des pensées n'est pas toujours rachetée par l'élégance ou par la justesse de l'expression; mais ce sont des documents propres à constater l'état actuel de la langue, et des façons de parler souvent originales, naïves, piquantes, et, par cela même, très-difficiles à rendre dans une traduction.

La relation de la bataille de Tchechmèh est tirée du recueil des Annales de l'empire ottoman, imprimées à Scutari par ordre et aux frais de la Porte. L'auteur

dd

(Ahmed-Wassif-effendi) est l'historien turk le plus récent et le continuateur des histoires de Naïma, de Rechid, de Chakir et de I'zzi. La première partie de son livre comprend le récit des événements qui eurent lieu depuis l'année 1166 de l'hégire [1752] jusqu'à 1182 [1768]. La seconde contient l'histoire des sept années suivantes; d'intéressants détails sur les troubles de la Pologne, sur la révolte d'Aly-beg, et sur les événements de la guerre qui se termina, en 1774, par la paix de Caïnardji. Le style de Wassif est en général pur, correct, et à peu près exempt de boursouflure et d'emphase, défauts trop communs dans les écrivains orientaux.

Les passages extraits du *Mi'radj* (Histoire de l'ascension miraculeuse de Mahomet) et du *Tezkere'ï Evlia* (Légende des Saints musulmans) ont été soigneusement calqués sur un manuscrit très-curieux que possède la Bibliothèque du Roi, et dont nous devons la première communication à feu M. Langlès. Ce manuscrit, dont la date remonte à l'année 1436 de J.-C., se compose de deux cent trente-un feuillets presque entièrement écrits en dialecte turk oriental et en caractères ouïgours: la régularité de ces caractères est singulièrement remarquable, et la beauté du papier ne laisse rien à désirer.

Quoique cet ouvrage offre peu d'intérêt sous le rapport des matières qu'il traite (1), et que le calligraphe

---

(1) *Voyez* les détails dans lesquels est entré à ce sujet, le savant auteur des *Recherches sur les langues tartares*, tome Ier, pages 252, 259 et suiv.

tartare annonce lui-même, dans les deux préfaces de son livre, que le *Mi'radj* est textuellement traduit de l'arabe, et le *Tezkere'ï Evlia* du persan, nous pensons néanmoins que ce manuscrit peut être utile, 1° pour donner une idée exacte de la manière dont on parlait la langue turke, au commencement du xv° siècle, dans la Boukharie ou dans le Turkestan ; 2° comme présentant un parfait modèle des caractères d'écriture qui étaient apparemment en usage dans ces pays, à la même époque.

Il serait fort à désirer qu'on pût parvenir à découvrir, soit à Samarcand, soit à Boukhara, soit ailleurs, quelques manuscrits du même genre, mais de nature à jeter plus de jour sur l'histoire, si peu connue, de l'Asie centrale et des migrations de ses habitants : nous nous féliciterions alors d'avoir entrepris l'ingrate lecture du *Mi'radj*, et d'avoir été, pour ainsi dire, les premiers à en publier des fragments.

DIALOGUES.

DIALOGUES.

Bonjour, monsieur.

Soyez le bienvenu.

Vous portez-vous bien ?

Comment vous portez-vous, monsieur ?

Je me porte à merveille.

Comment va votre noble santé ?

Elle va bien, graces à Dieu ! Et la vôtre ?

Je suis bien aise de vous voir en bonne santé.

Je me porte, Dieu merci, parfaitement bien.

Tant mieux, monsieur.

Que cette heure vous soit favorable !

Que votre fin soit heureuse !

Votre serviteur, monsieur (litt. votre esclave) vous baise

   la main.

Quelle nouvelle ?

N'avez-vous aucune nouvelle ?

Que disent les papiers publics ?

مُكالَمات

بر كيمسه، سلاملِق إيچون

صباحكز خير اولا افندم
خوش كلدكز سلطانم افندم صفا كلدك
كيفكز ايومى
نه اصل سز سلطانم
ايو خوش
مزاج شريفكز نه اصل در
شكر يا سز نجه سز
سزى صاغ سليم كوردكمدن سونرم
اللّه شكر خوش ايز
خوش بولدق سلطانم
بو وقتكز خير اولا
عاقبتكز خير اولا سلطانم
بنده كزال اوپر

نه خبر
بر خبرك يوقمى
كاغدلر نه ديرلر

Je n'ai rien ouï dire.

Que votre vie soit longue!

Je vous suis obligé (litt. que Dieu soit satisfait de vous!).

Je vous recommande à Dieu.

Que Dieu soit avec vous!

Allez en paix; que Dieu vous accorde un bon voyage!

Que votre soirée soit heureuse!

Comment avez-vous passé la nuit?

Très-mal.

Je n'ai pas dormi.

Vous êtes encore au lit à l'heure qu'il est!

Levez-vous.

Hier je me suis couché tard.

J'ai ouï dire que votre frère était malade.

Comment va-t-il à présent?

Dieu merci, il va mieux.

J'espère qu'il sera bientôt rétabli.

Que Dieu lui donne la santé!

Faites-lui mes compliments.

Ces paroles vous sont adressées.

هيچ برشى ايشتمدم

عمركز چوق اولا

الله راضى اوله

اللهه اصمرلدق

الله بيلنجه اولسون

وارك صاغلق ايله الله يول اچقلغى ويره

اخشامكز خير اولا

كيجه كز خير اولا

بو كيجه نه اصل ايدكز

پك فنا ايدم

اويومدم

يا دخى بو ساعته دك دوشكده ميسز

تيز قالق

دون كيجه كچ ياندم

قرداشك خسته دردبو ايشتدم

نه اصل درشهدى

شكر اللهه ايوجه در

الله صاغلغى ويرسون

بندن سلام ايله

بولاقردى سكادر

ee

وزرماں

Il est parti sans me dire adieu.

Que désirez-vous? que cherchez-vous?

Vos conseils me sont nécessaires.

A votre santé, monsieur.

Portez-vous bien.

Mon maître vous fait ses compliments.

Faites-lui aussi les miens.

Hé! garçon! je m'égosille à force de crier.

Plaît-il, monsieur?

Allez et dites à Ali tchelebi de venir ici.

Très-volontiers, monsieur (litt. sur ma tête).

Fort bien, monsieur.

Il y a long-temps que je ne vous ai vu.

Où étiez-vous allé durant tout ce temps?

Pourquoi n'êtes-vous pas venu me voir?

J'ai cru que vous m'aviez oublié.

Pardonnez-moi, monsieur.

Si je ne suis pas venu vous voir aussi souvent que je
l'aurais désiré, il n'y a pas de ma faute.

بنی سلاملمهدن (۱) كتدی

نه استرسن نه ارارسن

سنك اوكدوك بكا لازمدر

عشقكه اغنام

عا فيتلر اولسون

اغابك سزه سلامی وار

اغاكه بندن چوق سلام ايله

بره اوغلان چاغره چاغره سسم بوغلدی

لبيك سلطانم

وارعلی چلبی يه بورايه كلسون دی

باش اوستنه سلطانم

پك ايو سلطانم

چوقدن سنی كورمدم

بو قدر زمان نره يه كتدك

نه سببدن بكا كلمدك

سن بنی اونتدك صاندم

معذور بيورك سلطانم

اكر استدكم قدر حضرتلری يكزی سلاملامهه كلمدم

ايسه قباحت بنم دكل

---

(1) Emploi de l'infinitif déclinable (voy. n° 165 et 278 de la grammaire).

Je voulais venir vous voir, mais de nombreuses affaires

   m'en ont empêché.

J'en avais le désir.

Monsieur, vous arrivez à propos.

Où allez-vous?

Il faut que j'aille visiter un de mes amis qui demeure tout

   près d'ici.

POUR MANGER ET POUR BOIRE.

N'avez-vous rien de prêt à nous donner pour déjeuner?

Que désirez-vous, monsieur?

Avez-vous de l'agueau?

Oui, monsieur.

C'est bien; apportez-nous du vin, et mettez-le au frais.

Un de mes amis doit venir déjeuner avec moi.

Tout est prêt.

Dépêchez-vous de dresser la table.

Apportez les assiettes, les couteaux, les fourchettes et

   les cuillers.

Sans cérémonie, monsieur.

كلدمدم

سـزه كلمكـه اسـتردم انجـق ايشم چوق اولـد غندن

مراد وار ايدى

چلبم محلنده كلدك

نره يه كيدر سز

يقيننده بر دوستك زيارتنه كيتسم كرك

يبك و ايچمك ايچون

قهوه التى يه حاصر بر شيشك يوقمى

نه استرسز سلطانم

قوزى اتى يوقمى

اوت سلطانم

پك ايو وار شراب چك وصوتنه قو

دوستلرمدن بربسى كلوب بنم ايله قهوه التى ايده جك

هر شى. حاصر ايتدردم

تيز سفره يى قورك

تبسيلرى بچاقلرى چتاللرى قاشقلرى كتور

تكليفسز اولك سلطانم

Voyons si le vin est bon.

Quel est ce vin ?

Qu'en dites-vous ? est-il bon ?

Il est excellent.

Voulez-vous que je vous apporte de la langue de bœuf ?

Sans doute, offrez-en à monsieur.

Vous ne mangez rien.

Pardonnez-moi , j'ai assez mangé.

Excusez-moi, monsieur, je trouve tout excellent.

Asseyons-nous, messieurs, et mangeons un peu.

Apportez le vin.

Allez dire au jardinier de nous donner quelques fruits.

Reste-t-il encore du vin ?

Oui, monsieur ; en voici deux bouteilles.

Voyons ; que nous donnerez-vous pour souper ?

Demandez ce que vous désirez, messieurs.

Donnez-nous une fricassée de poulet et de la salade.

Ne commandez-vous rien de plus ?

Non , cela suffira.

Messieurs, le souper est servi.

بقه لم شراب ايومیدر

نه اصل شراب دربو

نه دیر سك ايومیدر

پك ايو در

صغر دلینی دیلر سكز كتوره ايم

كتور چلبی اندن برلقه یيسون

برشی یيبیرسن

خیر سلطانم ییدم

خیر افندم هرشی. زیاده سیله بكندم

اونتوره لم اغالر برلقه شی. یيه لم

شرابنی كتور

وار بوستانجی یه سویله بزه برازیبش كتورسون

شرابك دخی وارمی

اوت سلطانم ایكی شیشه دخی وار

بقه لم احشام مانجه سنه بزه نه ویررسن

نه استرسز بیورك اغالر

بزه بر طاوق قاورمه سی صلطه ایله كتور

غیری دخی برشی. بیورمز میسز

خیر اول یتـشر

اغالر سفره قورلمشدر

Goûtez de cette fricassée, elle est excellente.

Je n'ai pas d'appétit.

Buvons un coup avant de partir.

POUR PARLER LE TURK.

On dit que vous savez parfaitement le turk.

Plût à Dieu qu'il en fût ainsi!

Je vous assure qu'on me l'a dit.

Que vous êtes heureux de savoir tant de langues!

C'est une chose fort utile.

Je vous prie de m'apprendre le turk.

Comprenez-vous ce que je dis?

Je le comprends; mais je ne puis parler.

Vous l'apprendrez facilement.

Pour bien parler le turk, il faut le parler souvent.

Pour parler souvent, il faut d'abord savoir un peu la
   langue.

Bien ou mal, parlez toujours.

Je crains de faire des contresens.

شوقاورمهدن ییك پك ایودر

اشتهام یوقدر

كیتمزدن اوّل ایچهلم

تركچه سویلمك ایچون

تركچه یی كامل بیلورسن دیرلر

الله ویره اویله اولایدی

اینان كه بكا اویله دیدیلر

نه مطلع سكاكه بوقدر دل بلورسن

انلری بلمك پك لازمدر

انوك ایچون رجا ایده رزكه بزه تركچه اوكرده سن

سویلدكلرمی اكلمزمیسن

اكلرم انجق سویله م

كیده كیده قولای اوكرنورسن

كرك

تركچه ایو سویلمك ایچون صق صق سویلمك

صق صق سویلمك ایچون براز بلمك كرك

ایو فنا دایما سویله م

یكلش سویلمكه قورقرم

Ne craignez rien ; cette langue n'est pas difficile.

Si je parle mal, on se moquera de moi.

Ne savez-vous pas que tant qu'on ne parle pas mal, on n'apprend pas à parler bien.

Vous avez raison.

POUR ÉCRIRE.

N'est-ce pas aujourd'hui jour de courrier?

Pourquoi le demandez-vous?

Parce que j'ai une lettre à écrire.

A qui écrivez-vous?

A mon frère.

Donnez-moi une feuille de papier, une plume et de l'encre.

Entrez dans mon cabinet, vous y trouverez tout ce que vous désirerez.

Il n'y a pas de plume.

Il y en a dans l'encrier.

Elles ne sont pas bonnes.

En voici d'autres.

Elles ne sont pas taillées.

قورقيه ترکچه سو يلمك اولقدر کوج دکل

يکلش سوبلرسم بنى مسخره ايدرلر

اوکرنلمز

بلمزميسن که يکلش سويلمينجه ايوسو يلمك

کرچکسن

يازمق ابچون

بوکون پوستاکونى دکلمى

نيچون

برمکتوب يازاجغم

کيمه يازجغسن

قرداشمه

کاغد ايله قلم و مرکب و يربکا

اوطه يه کيرک استدکلرکزى بولورسز

قلم يوقدر

دويدک ايچنده واردر

ايو دکلار

اشته سکا غيرى قلم

کسلمه مشدر

Où est votre canif ?

Savez-vous tailler les plumes?

Je les taille à ma manière.

Cette plume n'est pas mauvaise.

Taillez-moi celle-ci avant que j'aie terminé cette lettre.

Quelle cire faut-il mettre?

Celle que vous voudrez.

Avez-vous signé votre nom ?

Il me semble que je l'ai fait, mais j'ai oublié de mettre
la date.

Quel est le quantième du mois?

C'est le quinze.

Où est la poudre?

Elle est dans la boîte.

Voici votre domestique.

Portez mes lettres à la poste.

POUR ACHETER ET POUR VENDRE.

Entrez, monsieur. Désirez-vous quelque chose?

قلمتراشك قانی

قلم كسكمه بلورميسين

بكا كوره كسرم

بوقلم كم دكل

بن شو مكتوبی بتورنمه سن اول برلری كس

نه اصل بال مومی قویهم

قنسیسندن استرسن

ادكی يازدك می

يازدم معانرم انجق تاريخنی يازمدم

ايك قچنجسی در

بر كون ايك اون بشيدر

ريك قنی

ريكدانك واردر

اشته خدمتكارك

مكتوبلری پوستايه كتور

صتون المق و صتمق ايچون

كل چلبی برشيه لازم می

Sans doute; mais j'ignore si vous avez ce dont j'ai
  besoin.

Dites ce que vous cherchez.

Je voudrais avoir du bon drap.

Donnez-vous la peine d'entrer : vous trouverez ici le meilleur drap de Constantinople.

Je n'ai pas à rougir de mes articles.

Montrez-moi le meilleur que vous ayiez.

En voici du bon.

Il est bon, mais je n'aime pas cette couleur-là.

En voici d'une plus claire.

Cette couleur me plaît, mais le drap est trop mince.

Regardez celui-ci, monsieur, vous n'en trouverez nulle
  part de meilleur.

Combien le vendez-vous l'aune?

Trois piastres et demie.

C'est trop cher.

Ce n'est pas cher, je le vendais six il y a un mois.

Dites votre dernier mot.

Je vous ai dit le juste prix.

لازم در اتا سزنه وارمی بلم

سویلكز نه لازمدرنه استرسز

بر كوزل و ايو چوقه استرم

بولنور

بيور ايچه رو استانبولك اك ايبو چوقه لری بونده

بن مالمدن اوتانم

اك ايوسنی چقار

اشته سكا برايو چوقه

ايو در انجق رنگـنی بكنمدم

اشتـه دخی اچق

بورنكی بكندم اتا چوقه سی يوفقه در

بولامزسن

بوچوقـه يه بقـك اغا غيـری يرده بـوندن ايوسنی

ارشينی قچـه ويرسن

ارشينی اوچ بوچق غروشه اولور

بهالو در

بهالو دكل در برآيدن اول التی يه صاندم

صوك لاقردنی سويله

بها سنی سويلدم

Je vous le paierai trois piastres.

Je ne le laisserai pas à un sou de moins.

J'ai connu beaucoup de marchands, mais je n'en ai rencontré aucun qui soit aussi cher que vous.

Allons, ne manquez pas l'affaire, vous vous en repentiriez ensuite. Je ne donnerai pas plus de trois piastres.

Oh! que vous êtes difficile à vivre!

A la bonne heure.

Je n'ai encore rien vendu aujourd'hui, que ce soit pour étrenner. — Dieu m'est témoin que je ne gagne pas une obole. Fasse le ciel qu'une autre fois vous me fassiez quelque chose.

Allons, coupez-moi 20 aunes de ce drap.

Cela fait soixante piastres; en voici le montant.

Donnez-moi un autre ducat.

Pourquoi cela?

Il est faible (de poids).

En voici un autre.

Garçon, prends ce drap et va avec monsieur.

Oui, monsieur.

اوچ غروش دیره یم

بر اقچه اکسك اولز

چوق بازرکان کوردم اما سنجلان بهالغی کوردم

یرم

کل بازاری بوزمه صکره پشیمان اولورسن اوچدن زیاده

هی هی نه اویله پك ادم سز

امراللهك

بو کون برشی صاتیدم سزدن استفتاح اولسون الله

بلورکه براقچه فایده اتیدم بولایکه بر دخی کله سن

برفایده کوسترهسن

ده شوندن یکرمی ارشین کس

بوده التمش غروش اولوراشته مبلغی

بوالتونی دکشتر

نیجون

السق در

اشته برغیریسی

کل اوغلان اشبو چوقه بی ال ده چلبی ایله برابرکت

نولا سلطانم

POUR S'HABILLER.

Qui est là ?

Que désirez-vous, monsieur?

Allumez du feu et habillez-moi.

Donnez-moi mes vêtements.

Apportez-moi mes bas.

Où sont mes pantoufles?

Les voici, monsieur.

Il me faut une pelisse neuve.

Faites venir le tailleur.

Le voici, monsieur.

Je voudrais faire faire une pelisse neuve.

Très-bien, monsieur.

De quelle couleur la voulez-vous?

De couleur verte.

Combien me coûtera-t-elle.

Deux cents piastres, monsieur.

كينك ايچون

كيم وار

لبيك سلطانم

تيز اتش يق ده بني كيدر

اثبابمى بكا وير

چوراپلريمى كتور

قوندوره لريمى قانى

اشته سلطانم

بريكى كوركت استرم

درزينى چاغر

اشته بونده در سلطانم

استرم بريكى كوركت ياپدره يم (١)

پك ايو سلطانم

رنكى نه اولا

يشيل اولسون

قاچ ويره يم

ايكى يوز غروش سلطانم

---

(١) Transitif dérivé de ياپمق, *fabriquer.*

Il me la faut pour demain.

Il m'est impossible de la faire pour demain.

L'aurais-je après-demain?

Oui, monsieur.

Donnez-moi mon chapeau.

Lequel voulez-vous, monsieur.

Celui que j'avais hier.

Le cordonnier ne m'a pas apporté des souliers?

Je mettrai des bottes.

Donnez-moi ma ceinture.

Le tailleur vous rapporte votre pelisse.

Qu'il entre.

Soyez le bienvenu, maître tailleur. M'avez-vous apporté

mon habit?

Oui, monsieur.

Essayez-le pour voir s'il va bien.

J'espère, monsieur, que vous serez satisfait.

Il me semble trop court.

يارن حاضر اولنو

صباحه دك يايه مم

او بر كون اولورمى

اولور سلطانم

شبقه‌مى كتور

قنعيسنى استرسز سلطانم

دون كيدكمى (١)

پاپوچجى پاپوچلرمى كتورمدى

چزمه‌لرمى كه ايم

بلمى وير بكا

افنديم درزى كوركنز كتورمش

ايچرويه كلسون

صفا كلدك اوستا درزى اثبابى كتوردك مى

اوت سلطانم كتوردم

كپك بقلم اولورمى

انشاالله خوشنود اولورسز

بكا قصد كورنور

Ici il est un peu large.

Il me semble mal fait.

Pardonnez-moi, il va très-bien.

C'est ainsi qu'on les porte actuellement.

POUR VOYAGER.

Y a-t-il loin d'ici à Constantinople?

On compte environ soixante heures.

Le chemin est-il droit et facile?

La route est-elle montueuse?

Quelle est cette montagne?

Cette plaine est-elle étendue?

Cette rivière est-elle guéable?

Est-elle profonde?

Cette place est-elle fortifiée?

Combien y a-t-il de pièces de canon?

Quel est le gouverneur?

Combien a-t-il de troupes?

Veux-tu nous servir de guide?

بواراده بر پارچه بيوكدر

ظاهرا ايو دكل

خير سلطانم پك ايودر

شمدى بويله كيورلر

يوله كتمك يچون

بوندن استنبوله اوزاقمى

التمش قدر ساعت يول اولور

يول دوز دوغرى مى

طاغلو مى

بو نه طاغدر

شو باير واسع مى

شو صودن كچنور مى

دربن مى

بو قلعه متين مى

قاچ قطعه طوپى وار

محافظى كيم در

قاچ ادميسى وار

سن بزم قولاوزمز اولور ميسن

Combien de journées de marche compte-t-on d'ici à Vienne?

La route est-elle bonne?

Avez-vous jamais été à Vienne?

Quels sont les lieux par lesquels il faut passer?

N'y a-t-il pas de route plus courte?

Où est le pont?

Y a-t-il beaucoup d'arbres dans ces environs?

Qui est-ce qui a passé par ici aujourd'hui?

La mer est-elle éloignée d'ici?

SUR LES NOUVELLES PUBLIQUES.

Je vous souhaite le bonjour.

Soyez le bienvenu.

Mohammed Agha est-il avec vous?

Le voici qui vient.

Bonjour, Mohammed Agha.

Que votre fin soit heureuse, monsieur.

بوندن بچه قاچ كون يول وار

يول ايومى

اورايه هيچ كتدك مى

يول اوزرنده كچجك يرلرنه در

دخى يقين يول يوقمى

كوپرى نروده در

بو طرفده اغاچ چوقمى

بوندن كيم كمجمش بو كون

دكز اوزاق مى بويردن

خبرلر اوزرنه

صباحكز خير اولا سلطانم

خوش كلدك چلبم

محمد اغا بيله مى

اشته كلبور

صباحكز خير اولا محمد اغا

عاقبتكز (١) خير اولا سلطانم

---

(١) C'est-à-dire, puissiez-vous embrasser le mahométisme! façon de parler en usage de la part d'un musulman à l'égard d'un
chrétien.

hh

Avez-vous quelques nouvelles?

On dit que nous aurons la guerre.

On le dit; mais c'est un bruit qui n'est pas fondé.

On parle de paix.

Croyez-vous que nous aurons la paix?

Je ne le crois pas.

Avez-vous lu le papier qu'on nomme *gazette*?

Non, je ne l'ai pas lu.

Croyez-vous qu'il résulte quelqu'utilité d'une telle publication?

Certainement, elle sera très-utile.

Quelle est la personne avec laquelle vous causiez?

C'est un Anglais.

Pour un Anglais il parle très-bien le turk.

Il sait mieux cette langue que beaucoup de musulmans.

Je voudrais bien faire sa connaissance.

Je vous la ferai faire.

Comment avez-vous passé la soirée d'hier après le
souper?

بر خبرك يوقمى

سفر اولاجقدر ديديلر

ديرلر ايدى انجق اصلى يوقدر

صلح اولاجق ديديلر

صلح اولاجغن اناندك مى

اويله صانيزم

غزطه ديدكلرى كاغدنى كوردكمى

حير كورمبشم

فايده سى اولورمى اولمزمى ظن ايدرسن

البته فايده سى چوق اوللو

اول چلبى كه سنكله لاقردى ايدردى كيم ايدى

انكليزدر

انكليز كوره تركچه پك ايو سويلر

تركچه چوق مسلمانلردن ايو بلور

انك ايله كورشمكه پك حظ ايده رم

سنى انك ايله بولشدررم (١)

دون كيجه اخشام منجاسندن صكره نه ايشلدكز

---

(1) Verbe réciproque et transitif.

Dès que vous fûtes parti, nous commençâmes à jouer.

A quelle sorte de jeu?

Quelques personnes jouèrent aux échecs, d'autres aux
cartes, d'autres aux dames.

Qui gagna? qui perdit?

Je gagnai dix piastres d'un seul coup.

POUR SE PROMENER.

Allons, venez vous promener un peu.

Très-volontiers, monsieur.

A merveille. Bon soir, monsieur.

Quels sont ces vaisseaux?

On dit que ce sont des vaisseaux anglais.

Ils portent le pavillon de cette nation.

Combien y en a-t-il?

C'est incertain, je crois qu'il y en a cinq.

A quelle distance sont-ils?

Quand je les ai aperçus pour la première fois, ils étaient
à peu près à vingt-un milles; mais actuellement les
vaisseaux de guerre sont à l'ancre hors de la citadelle;

سن كتدكك كبى اوينه باشلدق

نه اصل اوين اوپندكز

كيميسى شطرنج كيميسى كاغد اول برلرى داما اوپناديلر

كيم الدى اوينى كيم غايب اتدى

براوپنده اون غروش الدم

سير اوزرنه

كل سيره كيده لم

پك ايو سلطانم

خوش بولدق اخشامكز خير اولسون

نه كيلر در بونلر

انكليز ديرلر

انكليز بيراقلرى وار

قاج در

بللودكل نهايت بڭ فكر ايدرز

نقدر اوزاق در

ابتدا كوردكم زمان يكرمى بر قدر ميل اوزاق ايديلر

شمدى جنك كميلرى قلعه دن طشره دمرى

les vaisseaux marchands entrent dans le port sous pavillon anglais.

Combien de canons porte le plus grand?

Environ cinquante.

Quel est leur tonnage?

Le plus grand est un bâtiment de mille tonneaux.

Combien contient-il d'hommes (d'équipage)?

Environ deux cents.

Savez-vous quel en est le capitaine?

Non, je l'ignore.

Montons dans un bateau.

Je vais envoyer mon domestique.

As-tu trouvé un bateau?

Oui, monsieur, j'en ai trouvé un très-bon.

A quel prix l'as-tu loué?

A raison de trois piastres.

Holà, garçon, apporte des provisions et suis-nous.

DU BON ET MAUVAIS TEMPS.

Quel temps fait-il?

براقمش و بازرکان کمیلری انکلیز بایراق ایله لیمانه

ایچرو کیربولر

بیوکسی قاچ طوب چکر

اللی انجق

قاچ فوجی کتورر

بیوکیسی بیك فوجی در

قاچ ادمیسی وار

ایکی یوزانجق

ریس اولان کیم در بلرمیسن

خیر بلمم

قایغه بنلم

خدمتكارمی یولله یم

قایق بولدکمی

اوت سلطانم بربك ایوسی بولدم

قیچه طوتدك

اوچ غروشه طوتدم

بره اوغلان مانجه یی ال ده بیلمز جه کل

هوا اوزرنه

هوا نه اصبل در

Il fait mauvais temps.

Il fait beau.

Fait-il froid?

Il fait chaud.

Le temps est à la pluie.

Il ne pleuvra pas aujourd'hui.

Le vent est changé.

Il tonne.

Il tombe de la grêle.

Il éclaire.

A-t-il gelé cette nuit?

Non, mais il gèle actuellement.

Il me semble qu'il y a du brouillard.

Il est vrai.

هوا بوزق در

هوا كوزل در

هوا صوق میدر

هوا اسیجاقدر

یغمور یغیور كبی

بو كون یغمور یغمز

روزكار دكشلدی

كوك كورلیور

طولو یغیور

شمشك اوینیور

بو كیجه طوكدی می

خیر اما شمدی طوكور

پوس واردر كبی

اویله در

VOCABULAIRE.

VOCABULAIRE.

JOURS DE LA SEMAINE.

بازار كوني	Dimanche.
بازار ارته سى	Lundi.
صالى كوني	Mardi.
چهارشنبه	Mercredi.
پنج شنبه	Jeudi.
جمعه	Vendredi.
جمعه ارته سى	Samedi.

MOIS SOLAIRES.

كانون ثانى	Janvier.
شباط	Février.
مارت	Mars.
نيسان	Avril.
ايار	Mai.
حزيران	Juin.
تموز	Juillet.

اب	Août.
ايلول	Septembre.
تشرين اول	Octobre.
تشرين ثانى	Novembre.
كانون اول	Décembre.

MOIS LUNAIRES.

Par abrév.

م	محرم
ص	صفر
را	ربيع الاول
ر	ربيع الاخر
جا	جمادى الاول
ج	جمادى الاخر
ب	رجب
ش	شعبان
ن	رمضان
ل	شوال
ذا	ذى القعده
ذ	ذى الحجه

L'UNIVERS.

الله خالق الموجودات	Dieu, créateur de l'univers.
مخلوق	La création, les choses créées.
طبيعت موجودات	La nature.
جسد	Le corps.
روح	L'esprit.
هيولا	La matière.
جوهر	La substance.
كوك كوكلر	Le ciel, les cieux.
دنيا	Le monde.
جنت	Le paradis.
اوليا	Les saints.
ملكلر	Les anges.
شهيد	Un martyr.
پيغمبر ـ رسول ـ نبی	Un prophète.
حواری	Un apôtre.
انجلجی	Un évangéliste.
عناصر اربعه	Les quatre éléments.
يلدزلر كوكی	Le firmament.

عالم جبروت	Le ciel, empyrée.
جهنم	L'enfer.
اعراف	Le purgatoire.
شيطانلر	Les démons.

LE TEMPS.

كون	Le jour.
كون اغرمسى	L'aube.
كون طوغوسى	Le lever du soleil.
كيجه	La nuit.
اويله	Le midi.
اكندى	L'après-midi.
يارى كيجه	Minuit.
صباح	Le matin.
اخشام	Le soir.
كونش باطدوغى	Le coucher du soleil.
قوشلق	Le temps entre le lever du soleil et le midi.
اخشام نمازى	Le crépuscule.
عيد يورتى اكون بيرام	Le jour de fête.
بو كون	Aujourd'hui.

بون	Hier.
او برکون	Avant-hier.
یارین	Demain.
بارین دکل او برکون	Après-demain.
بر ساعت	Une heure.
یارم ساعت	Une demi-heure.
بر چیرك ساعت	Un quart-d'heure.
اوچ چیرك ساعت	Trois quarts.
دقیقه	Minute.
هفته	Semaine.
آی	Mois.
سنه	Année.
سال کبیسه	Année bissextile.
زمان	Temps, époque.
تاریخ	Temps, date.
ازلیت	Éternité.
ابتدا	Commencement.
اورته	Milieu.
نهایت	Fin.

PHÉNOMÈNES.

يلدز	Étoile.
كونش	Soleil.
آى	Lune.
يارم آى	Le croissant.
سياره	Planète.
قويرقلى يلدز	Comète.
بروج سما	Zodiaque.
ضيا ـ پرتو	Les rayons du soleil, l'éclat.
آيدنلق	La lumière.
قرانلق ـ قراكولق	Les ténèbres.
اسيجاق	Chaleur.
صوق	Froid.
بخار	Vapeurs.
روزكار ـ يل	Vent.
بادخزان	Vent d'automne.
سخت يل	Vent violent.
مساعد روزكار	Vent favorable.
كون طوغوسى	Est.

باطلى	L'ouest.
قبله	Le sud.
كشـشلـه	Le sud-est.
لودوس	Le sud-ouest.
يلدز	Le nord.
پویراز	Le nord est.
قره یل	Le nord ouest.
اچق هوا	Beau temps.
يغمورلو هوا	Mauvais temps.
بلوت	Nuage.
يغمور	Pluie.
طولو ـ دولو	Grèle.
قار	Neige.
صوق شبنم	Gelée.
بوزلرك اينـسى	Le dégel.
بوز	Glace.
چه	Rosée.
طومان	Brouillard.
طوفان	Orage.
صغنق	Ouragan.

شيمشك	Éclairs.
يلدرم	Tonnerre.
ياشن اوقى	Foudre.
قوس قزح	Arc-en-ciel.
زلزله ـ دتـرمه	Tremblement de terre.
كونش طوتـلمـسى	Éclipse du soleil.
اعتدال ليل ونهار	Équinoxe.
خط استوا	La ligne équinoxiale.
منطقه	Zone.
منطقه مبروده	Zone glaciale.
منطقه محرورة	Zone torride.
منطقه معتدله	Zone tempérée.
حمل برجى	Le signe du Bélier.
ثور برجى	Le Taureau.
جوزا برجى	Les Gémeaux.
سرطان برجى	Le Cancer.
اسد برجى	Le Lion.
سنبله برجى	La Vierge.
ميزان برجى	La Balance.
عقرب برجى	Le Scorpion.

قوس برجی	Le Sagittaire.
جدی برجی	Le Capricorne.
دلو برجی	Le Verseau.
حوت برجی	Les Poissons.
دب اكبر	Ursa Major.
دب اصغر	Ursa Minor.
هستـنبرة	Le Serpentaire.
الفكه	La Couronne.
النسق	Orion.
الثریا	Les Pleiades.

ÉLÉMENTS.

اتش	Feu.
هوا	Air.
طپراق	Terre.
صو	Eau.

SAISONS.

دورت فصل	Les quatre saisons.
بهار	Le printemps.

ياز	L'été.
صون بهاو	L'automne.
قيش	L'hiver.
ايام بجور	La canicule.
اورق زمانى	La moisson.
كل موسمى	La saison des roses.

CHOSES RELATIVES A L'ESPÈCE HUMAINE.

ار	L'homme.
عورت	La femme.
قوجه - اختيار	Vieillard.
قوجه	Vieille femme.
كنج ــ جوان	Jeune homme.
اولو عورت	Femme mariée.
بكار	Célibataire.
بكر	Fille, vierge.
چوجوق	Enfant.
اوغلان	Jeune homme.
قزا	Demoiselle.
چوجوقلق	L'enfance.

كنجلك   La jeunesse.

اختيارلق - قوجه لق   La vieillesse.

SENS.

قوت باصرة   La vue.

قوت سامعه   L'ouïe.

قوت شامه   L'odorat.

مذاق   Le goût.

قوت حاسه - حس   Le tact.

رنك - بويا   La couleur.

صدا - سس   Le son.

قوقو - بوى   L'odeur.

خوشبوى   Le parfum.

فنا قوقو   La puanteur.

PARTIES DU CORPS.

وجد - بدن   Le corps.

عضو   Membre du corps.

باش   La tête.

الن   Le front.

باش تپهسى   Le sommet de la tête.

باش چناغى   Le crâne.

	يوز	Le visage, la figure.	*jeux*
	كوز	Les yeux, l'œil.	*kioul*
gâch	قاش	Le sourcil.	*k gâch*
	چكه باش	Les tempes.	
	كرپك ـ كوز قپاغى	Les paupières.	
	كوز ببكى	La prunelle.	
boroun	بورون	Le nez.	
goläġler	قولاقلر	Les oreilles.	*golâġler*
ik ê g ler	يكاقلر	Les joues.	*yanaġlar*
sä tch	صاچ	Les cheveux.	*sātch*
nîq	بيیق	Les moustaches.	*bïyq*
sagäl	صقال	La barbe.	*sagal*
aghaz	اغز	La bouche.	*aġhyz*
dêch	ديش	La dent.	*dïch*
dil	دل	La langue.	*dil*
dodäq	دوداق	Les lèvres.	*doudāq*
	دماغ	Le palais.	*dimagh*
ek k	چكه	Le menton.	*tchèno*
tchéno	بويون	Le cou.	*boyoun*
boghāī	بوغاز	La gorge.	*boughāī*

اوموز	Les épaules.
كوكس	La poitrine.
ديرسك	Le coude.
قول	Le bras.
ال	La main.
پرمق	Le doigt.
طرنق	Les ongles.
قارن	Le ventre.
معده	L'estomac.
يان	Le côté.
كوبك	Le nombril.
ديز	Le genou.
بالدر	La cuisse.
اياق	Le pied, la jambe.
طوپق	Le talon.
بـين	La cervelle.
قان	Le sang.
طمر	La veine.
شاة طمر	L'artère.
سڭر	Les nerfs.

سڭرلی ات   Les muscles.

یورك   Le cœur.

جكر   Le foie.

طلق   Le fiel.

قاوق   La vessie.

بل   Les hanches.

بغرساق   Les entrailles.

سود   Le lait.

كیرك   Le cartilage.

یوفنقه دریجك   La membrane.

درى   La peau.

كمرك   L'os.

ات   La chair.

سمز   La graisse.

DE L'AME ET DE SES FACULTÉS.

جان   L'ame.

ذهن ـ ذكا   L'esprit.

عقل   L'intelligence.

نیت ـ ارادت   La volonté, l'intentiou.

نـتـق - هوش	La raison.
فراست	Sagacité.
احتراز	Attention.
جاقت	Stupidité.
حفظ	Mémoire.
نسيان	Oubli.
حكمت	Sagesse.
دليليك	Folie.
علم - بلكو	Science.
يانكلش	Erreur.
عشق - محبت	Amour.
نـفرت - كين	Haine.
اميد - مامول	Espérance.
قورقو	Crainte.
ياس	Désespoir.
صلح	Paix.
شادلك	Joie.
سرور	Plaisir.
شبهه	Doute.
ارزو	Désir.

جسارت	Audace.
عارسزلق	Effronterie.
هسد	Envie.
اعتماد	Confiance.
دارغونلق	Mécontentement.
غضب	Colère.
مرحمت ـ شفقت	Compassion.
رحمت	Miséricorde, pitié.
كولمك	Le rire.
اغلش	Les pleurs.
نفس	Respiration.
آه	Soupir.
اقسرمه	Éternuement.
اويوشدرمه	Engourdissement.
اويوتمه	Assoupissement.
اويقو	Sommeil.

MALADIES.

خستهلك	Indisposition.
اغرى	Douleur.

ديش اغريسى	Mal de dents.
باش اغريسى	Mal de tête.
حما ـ استما	La fièvre.
استماء محرقه	Fièvre maligne.
استما مثلثه	Fièvre tierce.
استما مربع	Fièvre quarte.
حرارت	Inflammation.
بيهوشلك	La rage.
اوكسروك	La toux.
صاريلق	La jaunisse.
زكام	Le rhume,
يومرجق ـ يبورجق	La peste.
چیچک	La petite vérole.
قزامق	La rougeole.
نقريز	La goutte.
استسقا	L'hydropisie.
شيش	L'enflure.
اكله	Cancer.
صانجى	Colique.
طمله	Apoplexie.

طق نفسلق   Asthme.

معك بوزقلغى   Cours de ventre.

يورك اغريسى   Mal de cœur.

ماددہ   Fistule.

اسهال   La diarrhée.

ايج اعريسى   La dyssenterie.

طوتارق   L'épilepsie.

فرنك زحتى   Le mal vénérien.

بل صوقلغى   Gonorrhée.

مايہ سيل   Hémorroïdes.

كوز اغريسى   Ophtalmie.

درم   La consomption.

طاوق كوتى   Une verrue.

طوله بوغاز   Esquinancie.

يورك بايله سى   Évanouissement.

اشتعال   Inflammation.

يورك دترمهسى   Palpitation du cœur.

قرہ سودا   Mélancolie.

IMPERFECTIONS DU CORPS.

كور   Aveugle.

برکوزلی	Borgne.
قـنبور	Bossu.
طوپال	Boiteux.
شاشی کوزلی	Louche.
چولاق	Estropié, mutilé.
صاغر	Sourd.
دلسز	Muet.
پلتك	Bègue.
طاس باشلو	Chauve.
جوجهلو	Nain.
ششمان	Replet.

DEGRÉS DE PARENTÉ.

بابا	Père.
انا	Mère.
اوغل	Fils.
قیز ـ قـز	Fille.
قرداش	Frère.
قـز قرداش	Sœur.
ددہ	Grand-père.
بـیوك انا	Grand'mère.

ددەنك باباسى	Bisaïcul.
بـيـوك اللەنك اناسى	Bisaïeule.
اوغل اوغلو	Petit-fils.
اوغلونك قـزى	Petite-fille.
اولو قرداش	Frère aîné.
كوچك قرداش	Cadet.
اوكى قرداش	Frère utérin.
اخرت قرداش	Frère adoptif.
عـمـوجه اوغلى	Cousin.
عـمـوجه	Oncle.
دابى	Oncle maternel.
خاله	Tante paternelle (sœur du père).
تيزه	Tante maternelle (sœur de la mère).
قاين اتا	Beau-père.
قاين انا	Belle-mère.
كويكو	Beau-fils, gendre.
كلن	Belle-fille.
قاين	Beau-frère.
بالدز	Belle-sœur.
كورمجه	Femme du frère du mari.

ايكيز	Jumeaux.
ياوقلو ـ معشوقه	Maîtresse.
نكاح	Mariage.
دول عورت	Veuve.
دول ار	Veuf.
اوكسز	Orphelin.

صنعت	Art, métier.
بصمهجى	Imprimeur.
حكيم ـ طبيب	Médecin.
جرّاح	Chirurgien.
معجونجى ـ عطّار	Pharmacien.
بربر	Barbier.
اتمكجى	Boulanger.
بوركجى	Pâtissier.
آشجى	Cuisinier.
قصاب	Boucher.
ميخانهجى	Marchand de vin.
درزى	Tailleur.

11

پاپوچجی	Bottier.
سراج	Sellier.
تصویرجی	Peintre.
یازیجی	Écrivain.
نقّاش	Brodeur.
معمار	Architecte.
قورچیجی	Tonnelier.
عطّار	Épicier, apothicaire.
قزانجی	Chaudronnier.
ساعتجی	Horloger.
جامجی	Vitrier.
صرّاف	Banquier.
سرکهجی	Marchand de vinaigre.
اکنهجی	Marchand d'aiguilles.
سقا	Vendeur d'eau.
چفتجی	Laboureur.
صندوقجی	Layetier.
یوزکجی	Marchand de bagues.
دیباجی	Marchand d'étoffes précieuses.
نعلبند	Forgeron.

قطيفه‌جى Marchand de velours.

قوشباز Oiseleur.

عربه‌جى Cocher.

صحاف Libraire.

قلمكار Graveur.

مومجى Marchand de chandelles.

شمعدانجى Lampiste.

كومورجى Marchand de charbon.

حلّاج Cardeur.

دولكر Charpentier.

طوغرامجى Menuisier.

صوغانجى Marchand d'ognons.

اسكيجى Raccommodeur.

بالقجى Poissonnier.

بيچاقجى Coutelier.

لغمجى Pionnier, mineur.

حلواجى Marchand de sucreries.

قورشونجى Marchand de plomb, artisan en plomb.

اونجى Marchand de farine.

دودكجى Fabricant d'instruments de musique.

دوكچم	Fondeur.
جواهرجى	Joaillier.
چيزمه‌جى	Cordonnier.
كرچجى	Chaufournier.
بوزمه‌جى	Fripier.
سودجى	Laitier.
طاشجى	Tailleur de pierre.
كرمدجى	Fabricant de tuiles.
فـنرجى	Marchand de lanternes.
كتانجى	Marchand de lin.
استارجى	Linger.
قاطرجى	Muletier.
شكرجى	Confiseur.
ياغجى	Marchand d'huile.
كوركجى	Fourreur, pelletier.
قلپاقجى	Chapelier.
مطره‌باز	Revendeur.
تۇزچى	Marchand de sel.
كليدجى	Serrurier.
اهل هيت	Astronome.

اهل علم صرف   Grammairien.

مهندس   Géomètre.

اهل جغرافيه   Géographe.

چالیجی   Musicien.

کیمیاجی   Chimiste.

اهل كلام   Orateur.

شاعر   Poète.

ترجمان   Interprète.

فیلسوف   Philosophe.

توارجخی   Historien.

منطقی   Logicien.

EMPLOIS ET DIGNITÉS.

پادشاه   Empereur.

شاه ـ قرال ـ ملك   Roi.

سلطان   Sultan.

قرالیچه   Reine.

شاهزاده   Prince royal.   *kānzādeh*

بك   Prince.   *bigh*

دوقه   Duc.   *dokah*

خان   Khan.

میرزا	Mirza.
مفتى	Mufti.
ایلچی	Ambassadeur.
مصلحت کزار	Chargé d'affaires.
اقامت ایلچیس	Résident.
باش وکیل	Premier ministre.
وزیر اعظم	Premier ministre turk.
رئیس افندی	Ministre des affaires étrangères.
کبیا بیک	Ministre de l'intérieur.
دفتردار	Trésorier.
چاوش باشی	Intendant de la police.
قاضی عسکر	Ministre de la justice.
قپوجی باشی	Grand-chambellan.
خزینه دار باشی	Trésorier du trésor particulier du sultan.
قزلر اغا	Chef des eunuques.
منزل باشی	Maître des postes.
بکلر بکی	Gouverneur de province.
ضابط	Gouverneur.
پاشا	Pacha.
قپودان پاشا	Grand-amiral.

قپودان بك	Amiral.
پتروند بك	Vice-amiral.
رهالا بك	Contre-amiral.
قاضى	Cadi.
علما	Clergé.

DIVERTISSEMENTS.

شطرنج	Les échecs.
پیادەلر	Les pions.
شاه	Le roi.
فرز - فرزین	La reine.
فیل	Le fou (litt. l'éléphant).
رخ	La tour.
آت	Le cavalier.
شطرنج طاشلری	Les pièces des échecs.
شطرنج تختەسی	L'échiquier.
داما اوینی	Le jeu de dames.
قهار	Les jeux de hasard.
كاغدلر	Les cartes.
أوین اوی	Maison de jeu.

زار	Les dés.
زار اتهـسى	Le jeu de dés.
قمار باز	Joueur.
جريد اوين	Jeu du javelot.
خورة	Danse.
چنـكى	Danseur.
جانباز	Saltimbanque.

QUADRUPÈDES.

حيوان	Animal.
ارسلان	Lion.
بيان طوكزى	Sanglier.
كيك	Cerf.
قپلان	Léopard.
قورد	Loup.
آيو	Ours.
پارس	Panthère.
كركدان	Rhinocéros.
پلنك	Tigre.
فيل	Éléphant.

جيران	Daim.
دوه	Chameau.
هجين	Dromadaire.
صو صغری	Buffle.
بوغا	Taureau.
اينك	Vache.
قاطر	Mulet.
آت	Cheval.
كهيلان آت	Cheval de course.
باركير	Cheval de train.
سورچك آت	Cheval qui bronche.
آل آت	Cheval alezan.
كره آت	Cheval indompté.
چالق آت	Cheval rétif.
وشق	Loup-cervier.
كچه	Chèvre.
اركج ـ تكه	Bouc.
دلكو	Renard.
اشك	Ane.
طوشان	Lièvre.

كوپك	Chien.
ميمون	Singe.
اطه طوشانى	Lapin.
كدى	Chat.
داغ كچسى ـ قراجه	Chevreuil.
كوستپك	Taupe.
سنجاب	Hermine.
كلنچك	Belette.
سچان	Souris.
طوكز	Cochon.
قوين	Mouton.
قوزى	Agneau.

OISEAUX.

قوش	Oiseau.
قره قوش	Aigle.
مُبا قوشى	Martinet.
بايقوش	Chat-huant.
بولدرجين	Caille.
قوقو قوشى	Coucou.

صارى قوش	Loriot.
توبغار قوشى	Alouette.
الاقرعه	Geai.
طورنه	Grue.
ليلك	Cigogne.
قره لكلك	Héron.
طوغان	Faucon.
انجيردلن	Becfigue.
كتان قوشى	Linotte.
قره طاوق	Merle.
چيلق	Milan.
اوكيك	Ramier.
عنقا قوشى	Phénix, oiseau fabuleux.
ككلك	Perdrix.
طاوق	Poule.
پلج	Poulet.
ابلق	Chapon.
خروس	Coq.
هند طاوغى	Cop d'Inde.
سوكلون	Faisan.

بوقلوجه بلبل	Roitelet.
يلوه قوشی	Bécasse.
دوه قوشی	Autruche.
اق بابا	Vautour.
حقیق قوشی	Serin.
یارسه	Chauve-souris.
یبان اوردكی	Canard sauvage.
صغرجقق	Étourneau.
سرچه	Moineau.
اغاج قاقان	Pivert.
قرزغون	Corbeau.
قرغه	Corneille.
صقصغان	Pie.
سقا قوشی	Chardonneret.
اسپنو	Pinçon.
بلبل	Rossignol.
طوطی	Perroquet.
طاوس	Paon.
قومری	Tourterelle.
قرلنغچ	Hirondelle.

قوغو	Cygne.
رخم	Pélican.
اوردك	Canard.
اردج قوشی	Grive.
قاز	Oie.
كوكرجين	Pigeon.

POISSONS.

بالق	Poisson.
مرسین بالغی	Esturgeon.
قدرغه بالغی	Baleine.
قلقان بالغی	Turbot.
یونس بالغی	Dauphin.
قیا بالغی	Goujon.
مورنه بالغی	Thon.
تکربالغی	Rouget.
كوپك بالغی	Chien de mer.
ساردله بالغی	Sardine.
آت بالغی	Hippopotame.
آیو بالغی	Veau marin.

دكر بالغى	Dorade.
طورنه بالغى	Brochet.
دڭز يلان بالغى	Lamproie.
كدى بالغى	Raie.
اسقومرى	Hareng.
سپيا بالغى	Sèche.
سازان بالغى	Carpe.
دل بالغى	Sole.
يلان بالغى	Anguille.
كرويت	Écrevisse.
مديه	Moule.
استرديه	Huîtres.

REPTILES, INSECTES ET AMPHIBIES.

بوجكك	Reptile.
يلان	Serpent.
صاغر يلان	Aspic.
قهقها	Basilic.
قره يلان	Couleuvre.
اژدر	Dragon.

كرتنكله	Lézard.
سمندر	Salamandre.
انكرك يلان	Vipère.
سموكلو بوجك	Limaçon.
عقرب	Scorpion.
قور بغه	Grenouille.
قپلو بغه	Tortue.
قارنجه	Fourmi.
قوندز	Castor.
صوسمورى	Loutre.
تمساح	Crocodile.
بوق بوجكى	Chenille.
قرة قوربغى	Crapaud.
بوينزلو بوجك	Hanneton.
پيرة	Puce.
چكركه	Cigale.
كوة	Teigne.
اورمجك	Araignée.
پروانه	Papillon.
سڭك	Mouche.

سوری سنككك	Cousin.
آت سكنكى	Taon.
اری	Abeille.
بیان اریسی	Bourdon.
قوطوز بوجكی	Cantharide.
یلدز قوردی	Ver luisant.
ابك قوردی	Ver à soie.
سولكك	Sangsue.

ARBRES ET ARBRISSEAUX.

اغاج	Arbre.
چالی	Arbrisseau.
قیسی اغاجی	Abricotier.
بادام اغاجی	Amandier.
قوجه یمش اغاجی	Arbousier.
كراس اغاجی	Cerisier.
كستانه اغاجی	Châtaignier.
ایوا اغاجی	Cognassier.
اوس اغاجی	Sorbier, cormier.
خرما اغاجی	Palmier.

بوكرتلن اغاجى	Framboisier.
ساقز اغاجى	Lentisque.
مرسين اغاجى	Myrte.
انجير اغاجى	Figuier.
نار اغاجى	Grenadier.
ليمون اغاجى	Citronnier.
ترنج اغاجى	Oranger.
مشمله اغاجى	Néflier.
فندق اغاجى	Noisetier.
جوز اغاجى	Noyer.
زيتون اغاجى	Olivier.
شفتالو اغاجى	Pêcher.
ارك اغاجى	Prunier.
ارمود اغاجى	Poirier.
شام اغاجى	Pin.
الما اغاجى	Pommier.
چام اغاجى	Sapin.
سرو اغاجى	Cyprès.
ميشه اغاجى	Chêne.
اوغلامور اغاجى	Tilleul.

دفنه اغاجى	Laurier.
وشنه اغاجى	Cerisier noir.
اق دكن	Nerprun.
شام فستقى اغاجى	Pistachier.
قين اغاجى	Bouleau.
سرو ازاد	Cèdre.
كولكن اغاجى	Charme.
قزلجق اغاجى	Cornouiller.
الغون اغاجى	Tamarisc.
ببريه	Romarin.
كل اغاجى	Rosier.
بخور اغاجى	Storax.
طرمنتين اغاجى	Térébinthe.
ماز	Osier.
دوم اغاجى	Palmier-doum.
ديش برداق اغاجى	Frêne.
اق كولكن اغاجى	Hêtre.
بورسق	If.
منطر اغاجى	Liége.
قره اغاج	Orme.

قواق اغاجى	Peuplier.
چنار اغاجى	Platane.
بلسان	Baumier.
سوكت اغاجى	Saule.
اجى بادام اغاجى	Amandier, aux fruits amers.
چهشير اغاجى	Buis.
دارچين اغاجى	Cannellier.
كبرة اغاجى	Câprier.
يبان ارك	Prunier sauvage.
خشل	Bdellium.
يبان اصه	Cep sauvage.
دكك	Cep.

FRUITS.

يمش	Fruit.
قيسى	Abricot.
بادام	Amande.
چيلك	Fraise.
كراس	Cerise.
وشنه	Cerise noire.

كستانه	Châtaigne.
ايوا	Coing.
اوس	Sorbe , corme.
خرما	Datte.
بوكرتلن يمش	Framboise.
انجير	Figue.
انار ـ نار	Grenade.
ليمون	Limon.
اغاج قاوني	Citron.
ترنج ـ پورتغال	Orange.
نوت	Mûre.
مشمله	Nèfle.
فندق	Noisette.
جوز	Noix.
زيتون	Olive.
شفتالو	Pêche.
ارك	Prune.
ارمود	Poire.
الما	Pomme.
شام فستقى	Pistache.

قـزلجق	Cornouille.
قاون	Melon.
قارپوز	Melon d'eau.
اوزم	Raisin.

HERBES ET PLANTES.

اوت	Herbe.
هوچ	Carotte.
شلغم	Navet.
كندانه	Betterave.
مغدنوس	Persil.
ترب	Rave.
پانجار	Raifort.
خيار	Concombre.
اسپناك	Épinard.
كنه	Chou.
انكنار	Artichaut.
منطر	Mousseron.
قوش قونمز	Asperge.
مارول	Laitue.

كرفس	Céleri.
بوكرولبجه	Haricot.
بقله	Fève.
صارمساق	Ail.
صوغان	Ognon.
مرجان كوش	Marjolaine.
پلين	Absinthe.
انيسون	Anis.
قوين اوتى	Absinthe sauvage.
هندبا	Chicorée.
كشنش	Coriandre.
ترة	Cresson.
رزنه	Fenouil.
اجى مارول	Laitue amère.
دارو	Millet.
صدنى	Rue.
زوفا اوتى	Hysope.
طلول عورت اوتى	Oseille.
كسترة	Bétoine.
كنتاوريون	Centaurée.

بابادیه	Camomille.
خربق سیاه	Ellébore noir.
خربق سفید	Ellébore blanc.
اوغل اوتی	Menthe.
توتن	Tabac.
چای	Thé.

COULEURS.

رنك	Couleur.
بیاض ـ سفید	Blanc.
قره	Noir.
قزل	Rouge.
یشل	Vert.
ماوی	Bleu.
سود ماویسی	Bleu de ciel.
صاری	Jaune.
قرمزی	Pourpre.
دوه توییی	Grisâtre.
كلكلی	Rose.
ترنجی	Orange.

كبريتى	Jaune de soufre.
اشى بوياسى	Rouge foncé.
بلاه رنكى	Rouge clair.
الاجه	Gris pommelé.
زعفرانى	Couleur de safran.
قـزل چبق رنكى	Chamois.
چمنى	Vert de gazon.
كوك ال	Vert de mer.
انش رنكى	Couleur de flamme.
زيتونى	Olivâtre.
مور	Violet.

MÉTAUX.

معدن	Métal.
التون	Or.
كومش	Argent.
بقر	Cuivre.
توچ	Bronze.
پرفج	Laiton.
قورشون	Plomb.

قلاى	Étain.
دمير	Fer.
جيوة	Vif-argent.
كبريت	Soufre.
سولكن	Minium.
راستق ـ طاشى	Antimoine.
سچان اوتى	Arsenic.
مردسنك	Litharge.

OBJETS TERRESTRES.

طپراق	Terre.
قرا	Continent.
اطه	Ile.
نيم جزيرة	Presqu'île.
بوغاز	Détroit.
طاغ برونى	Cap.
طاغ	Montagne.
درة	Vallée.
باير ـ دپه	Colline.
قر ـ اوا	Plaine.

اورمان   Forêt.

چول   Désert.

چاير   Prairie.

كورفز   Golfe.

صو   Eau.

دكز   Mer.

بحر محيط   L'Océan.

آق دكز   La Méditerranée.

قره دكز   La mer Noire.

سويس دكزى   La mer Rouge.

بحر خزر   La mer Caspienne.

ونديك بوغازى   La mer Adriatique.

MARINE.

جنك كميسى   Vaisseau de guerre.

كمى   Vaisseau.

اوچ انبارلو كمى   Vaisseau à trois ponts.

بازركان كمى   Vaisseau marchand.

قايق   Chaloupe.

فيرقطه   Frégate.

پیاده	Bateau.
اسپلانه	Bac.
تومباز	Esquif.
درك	Mât.
سرن	Vergue.
یلكن	Voile.
مایستره یلكنی	La grand'voile.
ترنكته یلكنی	L'artimon.
دومن	Le gouvernail.
سنتینا	La quille.
انبار	Le pont.
كینك اوثی	La proue.
كورك	Rame.
پلامار	Câble.
كینك الاتی ـ ایپ	Corde, cordage.
كینك دمیری	Ancre.
بوصوله	Boussole.
خارتی	Carte marine.
بیراق	Pavillon.
فورتونه	Tempête.

مدّوجرز	Flux et reflux.
طالعه	Flot.
ليمان	Port.
دونانمه	Flotte.

ART MILITAIRE.

عسكر ـ لشكر	Armée.
عسكر الاى	Aile.
بولك	Bataillon.
الاى ـ طابور	Régiment.
لشكر اوكى	L'avant-garde.
لشكر اردى	L'arrière-garde.
صف	Les rangs.
سولطات ـ نفر	Soldat.
اوتوراق	Garnison.
طاغنمش عسكر	Les troupes licenciées.
عزب ـ چرىا	Milice.
تفنكجى	Fusilier.
طوپجى	Canonnier.
عربهجى	Un soldat de train.

جبه جى	Cuirassier.
اتلو سپاه	Soldat de cavalerie.
يكى چرى	Janissaire.
پلنقه ـ حصن	Fortifications.
طابيه	Bastion.
ثغور	Place frontière.
قلعه	Citadelle.
بند	Môle.
حصار	Fort.
مترس	Tranchée.
كنكره	Créneau.
ديوار	Rempart.
صاواش يرى	Retranchement.
اوردو	Camp.
چادر	Tente.
كمان ـ ياى	Arc.
اوق	Flèche.
شيش	Épée.
قليج	Sabre.
خنجر	Poignard.

جريد	Javeline.
طوپوز	Massue.
قالقان	Bouclier.
جاپل	Ceinturon.
دزكين	Bride.
كم	Mors.
ایر	Selle.
بيراق	Drapeau.
طبنجه	Pistolet.
تنفك	Fusil.
طوپ	Canon.
الای طوپی	Pièce de campagne.
هاون	Mortier.
قنبره	Bombe.
باروت	Poudre à canon.
قورشون	Balle de plomb.
طوپ كولهسی	Boulet.

DIPLOMATIE.

تحريرات	Dépêches.

تـذكره	Note (billet).
تـقرير ـ تلخيص	Rapport.
مكالمه ـ مذاكره	Conférence.
مَضْبطه	Protocole.
تعليمات	Instructions.
اخبار	Notification.
خبر رسميه	Avis officiel.
خبری رسم ـ محرمانه	Avis confidentiel.
سفارت	Ambassade.
مأموريه	Mission.
ايلچی	Ambassadeur.
سفير	Envoyé.
مصالحتكذار	Chargé d'affaires.
سرّكاتب ـ كاتب الاسرار	Secrétaire.
شرط ـ مقاوله	Convention diplomatique.
عهدنامه	Traité de paix.
اتـفاق معاهدهسی	Traité d'alliance.
تجارت عهدنامهسی	Traité de commerce.
متاركه	Armistice.
برات	Diplôme.

مادﻩ	Article (d'un traité).
شروط	Conditions.
مساعدﻩ	Concession (faveur).
فراغت	Concession (abandon).
تضمين	Indemnité.
إدعا	Prétention.
مباحثﻩ	Discussion.
اساس	Bases, principe.
قاعدﻩ	Règle de conduite.
قرار ـ نتيجﻩ	Conclusion.

LIEUX HABITÉS.

شهر	Ville.
كوپرى	Pont.
سوقاق	Rue.
دورت يول اغزى	Carrefour.
قوناق	Logis.
او	Maison.
خان	Auberge.
سراى	Palais.

جامع	Mosquée.
چارشو	Marché.
بازار	Bazar.
آت میدانی	Hippodrome.
آت بازاری	Marché aux chevaux.
کمرک	Douane.
زندان	Prison.
دُکان	Boutique.
مدرسه	Académie.
حمام	Bain.
ترسانه	Arsenal.
منزل خانه	Bureau de poste.
بالق بازار	Poissonnerie.
صالحخانه	Boucherie.
بیمارخانه	Hôpital.

MEUBLES ET USTENSILES.

اوطاقمی	Meubles.
قالی	Tapis.
آبسنه	Miroir.

دوشك	Lit.
صوفه	Sofa.
باش یصدوغی	Oreiller.
یورغان	Couvertures.
سفرة	Table.
فنغفور	Porcelaine.
كوروك	Soufflet.
آتش كوركی	Pelle.
ماشا	Pincettes.
كباب شیشی	Broche.
قزان	Chaudron, marmite.
چولك	Pot.
تنجرة	Casserole.
طاوة	Poële à frire.
ساج ایاق	Trépied.
اسقرة	Gril.
قاشق	Cuiller.
چتال	Fourchette.
بچاق	Couteau.
دستی	Cruche.

قفل ـ كليد	Serrure.
ماندال	Loquet.
چرخ	Rouage.
اسكهله	Chaise.
اكنه	Aiguille.
طوپلو	Épingle.
ابريق	Aiguière.
بالته	Hache.
بل	Bêche.
سپد ـ زنبيل	Panier.
پرده	Rideau.
قدح	Verre à boire.
لگن	Cuvette.
فنجان ـ چناق	Tasse.
فوچی	Tonneau.
مقراص	Ciseaux.
اىپ	Corde, ficelle.
اىپلك	Fil.
قورنه	Bassin.
اناختار	Clef.

زار	Tapisserie.
شمعدان	Chandelier.
پیشكر	Serviette, essuie-main.
موم مقراضی	Mouchettes.
شیشه	Bouteille.
چكج	Marteau.

DÉPENDANCES D'UNE MAISON.

قپو	Porte.
نردبان	Escalier.
اوطه	Chambre.
پنجره	Fenêtre.
جام	Vitre.
مطبخ	Cuisine.
صارنیچ	Citerne.
قیو ـ چشمه	Puits.
باغچه	Jardin.
شراب خانه	Cave.
حولی	Basse-cour.
كیلر ـ كلار	Garde-manger.
اولوق	Gouttière.

دام	Toit.
ديوار	Muraille.
اوجاق	Cheminée.
دركلر	Poutres.
دهليز	Portail.
حَرَم	Gynécée.
سلاملق	Salle d'audience.
كتابخانه	Bibliothèque.
مخزن	Magasin.
آخور	Écurie.

VÊTEMENTS.

اثواب	Habits.
قلپق	Chapeau.
فس	Bonnet.
زبون	Gilet.
كوملك	Chemise.
مقرمه	Mouchoir.
الدوان	Gants.
قوشاق	Ceinture.

چوراب	Bas.
پاپوش - پاپوچ	Souliers.
قوندرة	Pantoufles.
جزمه	Bottes.
جيب	Poche.
كيجهدلك	Robe de chambre.
شريد	Ruban.
دوكمه	Bouton.
ايلك	Boutonnière.
طون	Caleçon.
يغمورلق	Manteau.
قفتان	Robe de dessus.
فراجه	Manteau de dame.
انتارى	Veste.

DU FEU.

آتش	Le feu.
اوجاق	Foyer.
فرون	Four.
اتش كوزى	Braise.

موم	Chandelle.
يل مومى ـ مشعل	Torche.
فـنر	Lanterne.
قـنديل	Lampe.
بال مومى	Bougie.
كوسكى	Tison.
يالكك ـ علو	Flamme.
قعاجم	Étincelle.
كل	Cendres.
نوتن	Fumée.
قوروم	Suie.
قاو	Amadou.
كبريت	Allumette.
چقمق	Briquet.
فتيل	Mèche.
اودون	Bois.
كومر	Charbon.
ياغ	Huile.
نـفت	Naphte.
زفت	Poix.

DE L'ÉCRITURE.

كاغد	Feuille de papier.
قلم	Plume.
كتاب	Livre.
دويت	Encrier.
مُرَكَّب	Encre.
قلمتراش	Canif.
ريک	Sable, poudre.
ريكدان	Boîte à poudre.
مُهر	Cachet.
فرنک موم	Cire à cacheter.
پيش تخته	Pupitre.
مكتوب	Lettre.
فرمان	Édit, ordre.
تمسک	Billet à ordre.

DE LA NOURRITURE.

ييمجك	Nourriture.
اتمک	Pain.

صو	Eau.
شراب	Vin.
ات	Viande.
بالق	Poisson.
قاينش ات	Bouilli.
كباب	Rôti.
ات صوبى	Bouillon.
صغردلی	Langue de bœuf.
صغر اتى	Du bœuf.
قيون اتى	Du mouton.
طنه اتى	Du veau.
قوزى اتى	De l'agneau.
قيون باچهسى	Pied de mouton.
كودن	Boudin.
سجوق	Saucisse.
بورك	Pâté.
تاتار بوركى	Tourte (à la tartare
سود	Lait.
شكرله	Confitures.
قيمه	Hachis.

صای یاغی	Beurre.
تزه یاغی	Beurre frais.
ارپه صوبی	Bière.
بال	Miel.
پینیر	Fromage.
صلطه	Salade.
قیغنده	Omelette.
یومورطه	Œufs.
یوغورت	Lait caillé.
پرنج	Riz.
توز- طوز	Sel.
ببر	Poivre.
سرکه	Vinaigre.
خردل	Moutarde.
دارچین	Cannelle.
هندوستان جوزی	Muscade.
کبره	Câpres.
قهوه التی	Déjeûner.
قوشلق ییجکی	Dîner.
اخشام ییجکی	Souper.

PIERRES PRÉCIEUSES.

قيمتلو طاش	Pierre précieuse.
الماس	Diamant.
زمرد	Émeraude.
ياقوت ـ لعل	Rubis.
جلبقون	Améthyste.
مرجان	Corail.
سليمانى	Onyx.
بابا قورى	Agathe.
يشيم	Jaspe.
فيروزة	Turquoise.
انجو	Perle.
جوهر	Bijou.

QUALITÉS.

ايو	Bon.
كم ـ فنا	Mauvais.
اوصلو	Sage, prudent.
تنلو	Gras, gros.

بیوك	Grand. *bujouk*
كوچك	Petit. *kintchuk*
آرق	Mince.
یوكسك	Haut, élevé.
الچق	Bas.
اوزون	Long.
قصه	Court.
اینلو	Large.
طار	Étroit.
طوغرو	Droit.
اكری	Courbe.
یكی	Neuf.
اسكی	Vieux.
اغر	Pesant.
بینی ـ خفیف	Léger.
طولو	Plein.
بوش	Vide.
قتی	Dur.
یواش	Tendre.
یمشاق	Mou.

طانلو	Doux, sucré,
اجى	Amer.
كوچ	Difficile.
قولاى	Facile.
تميز	Pur, propre.
مردار	Sale.
اِسى	Chaud.
صوق	Froid.
قورو	Sec.
ياشلو	Humide.
قوتـلو	Fort, robuste.
زبون	Faible.
كوزل	Beau.
كوكچك	Joli.
قلاش	Fin, fourbe.
احق	Sot, stupide.
شجاعتلو	Brave, courageux.
قورقاق	Timide.
ادبلو	Poli.
ياوز	Cruel.

خسيس   Avare.

مسرف   Prodigue.

عنادجى   Obstiné.

جومرد ـ مروتسلو   Généreux.

صداقتلو   Sincère.

عادل   Juste.

PROVERBES TURKS.

PROVERBES TURKS.

1. Mille amis, c'est peu ; un ennemi, c'est beaucoup.
2. O moine ! ô derviche ! avec de l'or on vient à bout
de tout.
3. Le chien aboie , (mais) la caravane passe.
4. Vinaigre donné est plus doux que miel (qui coûte
quelque chose).
5. Qui ne sait les détails ignore l'ensemble.
6. Les chiens ne se dévorent point entre eux.
7. Ne lutte pas contre plus fort que toi.
8. Deux patrons font chavirer une barque.
9. Qui crache au vent se salit la figure.
10. La langue se porte vers la place où la dent fait
mal.
11. Quel besoin de guide a celui qui connaît la ville ?
12. Petite pierre blesse la tête.
13. Ne meurs pas, ô mon âne ! le printemps viendra,
et avec lui croîtra le trèfle.
14. Le renard sort du lieu où on ne le croyait point
caché.
15. Que désire l'aveugle ? —Deux yeux.
16. Allonge tes pieds proportionnément à la longùeur
de la couverture.
17. Qui est destiné à se pendre ne se noie pas. .

---

۱ دوست بیگك ایسه آز در دشمن بر ایسه چوقدر

۲ ای ابدال ای درویش اقچه ایله بتر هرایش

۳ اِت اورر کروان کچر

۴ مفت سرکه بالدن طتلودر

۵ آزی بلمین چوغی هیچ بلمز

۶ کوپك کوپکی یمز

۷ سندن قوتلوایلن طوتوشمه

۸ ایکی رأیس بر کمی باتررلر

۹ روزگاره توکرن یوزینه توکر

۱۰ دیشك اغردوغی یره دلی دوقنور

۱۱ شهری کورنه قولاغز نه لازم

۱۲ کوچك طاش باش یارر

۱۳ اوله اشکم یاز کلور یونجه بتر

۱۴ ظنّ اتهدوكك یردن تلکی چقار

۱۵ کورك استدوکی نه در ایکی کوز

۱۶ یورغانكا کوره ایاغكی اوزات

۱۷ اصلاحق صویه بوغلماز

18. Qui veut la rose doit vouloir aussi les épines.

19. Baise la main que tu n'as pu couper.

20. Sage ennemi vaut mieux que fol ami.

21. Les petits doivent obéir aux grands.

22. Dissimule avec ton ami, et cache son nom à ton ennemi.

23. Pour un sage, on trouve deux fous.

24. Si tu crains les moineaux, ne sème pas de mil (1).

25. On jette à la rue les vieux balais.

26. En fuyant la pluie, on rencontre la grêle.

27. Trop d'orge fait crever le cheval.

28. Sacrifions la barbe pour sauver la tête.

29. Qui va vite se lasse vite.

30. Conseil de femme est bon pour femme.

31. Le méchant dérange et l'homme de bien concilie les affaires (2).

32. L'homme véridique est chassé de la ville.

33. Le mal atteint celui qui le fait.

34. Je suis le serviteur de celui qui m'honore, et le sultan de celui qui me compte pour rien.

35. Le cheval meurt, sa selle reste; l'homme finit, son nom reste.

36. Qui maîtrise sa langue sauve ses jours.

37. Qui tombe par sa faute ne doit pas se plaindre.

(1) Les Italiens disent au contraire :

Non restar per gli uccelli
Di seminare i pizelli.

(2) Litt. *le marché.*

۱۸ کلی استین دکنلرنده استمک کرک

۱۹ کسه‌دوککٹ الی اوپ

۲۰ عقللو دشمن عقلسز دوستدن ایودر

۲۱ کوچک بیوکه تابع اوللو

۲۲ سرتکی دوستکه دوستکی ده دشمنکه اچه

۲۳ ایکی دلی یه براصلو قومشلر

۲۴ سرچه‌دن قورقن داری اکمسون

۲۵ اسکی سپرکه دامه اتارلر

۲۶ یاغمردن قاچن طولویه اوغرادی

۲۷ چوق ارپه آتی چتلتر

۲۸ صقال باشنه قوربان اولسون

۲۹ تیزکیدن تیزیورلور

۳۰ عورتک اوکستی عورته کچر

۳۱ یارامز ادم پازار بوزار ایو ادم پازارْ یاپار

۳۲ طوغرو سویلینی شهردن قوارلر

۳۳ یارامزه کندو بلا سنی یتر

۳۴ بنی صایانک قولی ایم صایمایانک سلطانی ایم

۳۵ حیوان اولور سمری قالور انسان اولور آدی قالور

۳۶ دلنی ضبط ایدن باشنی قورتارر

۳۷ کندوندن دوشن اغلاماز

38. Avant que le chariot se brise, les gens qui montrent le droit chemin sont nombreux.

39. Qui cherche un ami sans défauts reste sans amis.

40. L'homme est le miroir de l'homme.

41. Ce n'est pas en vivant long-temps, c'est en voyant beaucoup, qu'on apprend quelque chose.

42. Toute montée a sa descente.

43. La rose naît de l'épine, et l'épine de la rose.

44. Ma fille, c'est à vous que je parle, afin que ma bru me comprenne.

45. Le paresseux dit : Je n'ai pas la force.

46. Quand le chat est absent, les souris lèvent la tête.

47. Deux baladins ne dansent pas sur la même corde.

48. Ce n'est pas en disant miel, miel, que la douceur vient à la bouche.

49. On ne donne pas le sein à l'enfant qui ne pleure pas.

50. C'est au marché aux chevaux qu'on s'informe de leur âge (1).

51. On ne regarde point aux dents d'un cheval donné.

52. Pense à ce que tu veux dire, et parle en conséquence.

53. Tu cherches à vendre un corbeau pour un rossignol.

54. On ne jette pas de pierres à l'arbre stérile.

55. On t'a dit de battre, et non de tuer.

56. Tout finit ici-bas, hors l'inimitié.

57. Est-ce au malade qu'il faut parler du lit ?

(1) Dans l'Orient il n'est pas d'usage de s'informer de l'âge de quelqu'un.

38 عربه قرلنجه ايو يولی كوسترن چوقدر

39 عيبسز دوست آراين دوست سز قالور

40 انسان انسانك آينه سی در

41 چوق ياشان چوق بلمز چوق كزن چوق بلور

42 هر يوڭشك انيشی وار

43 دكندن كل بتر كلدن دكن

44 قزم سڭا ديرم كلنم ايشتسون

45 تنبل قوتم يوقدر ديور

46 كدی بولنمدوغی يرده سچانلر باش قالدرر

47 ايكی جانباز بر ايپده اويونماز

48 بال بال ديمكله اغز طتلو اولماز

49 اعلا ميان چوجغه مه و يرمزلر

50 ياشی ات پازارنده صوررلر

51 بخشش آتڭ ديشنه باقلماز

52 ديه چككی فكر ايله اويله سويله

53 قرغه بلبل يربنه صاتمه استرسن

54 يمش اولميان اغاجه طاش آتمازلر

55 سڭا اور ديديلر ايسه اولدر ديمديلر

56 دنيا دوكنور دشمن دوكنمز

57 خستیه دوشك می صوررسن

58. Servir un jeune prince, étriller un cheval fougueux, sont deux choses très-difficiles.

59. Point de roses sans épines ; point de plaisir sans peine.

60. La vérité est amère.

61. Bois et mange avec ton ami ; ne traite point avec lui d'affaires (d'intérêt).

62. Quiconque est loin des yeux est encore plus loin du cœur.

63. Un homme en trompe un autre une fois seulement.

64. Si tout ce qu'on désire était possible , chaque faquir serait pacha.

65. On ne fait pas de bon bouillon avec une poule maigre.

66. Demander quelque chose à l'avare, c'est vouloir creuser un puits dans la mer.

67. L'homme à tête légère perd son bonnet dans la foule (1).

68. Pour se gratter, il faut des ongles.

69. Si nous n'avons point de richesses, ayons de l'honneur.

70. Ouvrons les yeux, de peur qu'on ne (nous) les ouvre.

71. Se plaindre sans motif est folie.

72. De la prévoyance naît le salut.

_____

(1) Litt. *l'homme qui laisse sa tête au logis perd son turban dans la foule.*

٥٨ كنج بكه خدمت اتهك وكيرات تيهار اتهك نه قدر كوچدر

٥٩ كل دكنسز اولماز وصفا جفا سز اولماز

٦٠ حق سوز آجى اولور

٦١ دوست ايله يه ايچ اليش ويريش اتمه

٦٢ كوزدن اوزاق اولان كوكلدن دخى اوزاق

٦٣ ادم ادمى صلت بركره الداتر

٦٤ دلدن كلن الدن كلسه هرفقرا پاشاه اولور

٦٥ آرق طاوقدن سميز تريب اولماز

٦٦ طمعكاردن شيى ديليين دكزده برچقور اچار

٦٧ باشنى اوده طوتن ادم قلبدلقده قلپاغى عيب ايدر

٦٨ قاشنمغه طرنق استر

٦٩ مالمز يوغيسه عرض مز اولسون

٧٠ كوزمزى اچالم يوخسه اچارلر

٧١ سببسز باغرمق دليلكدر

٧٢ احتياطدن سلامت اولور

73. Il est difficile de saisir le loup par les oreilles.

74. On prend (souvent) le lièvre avec des chariots à bœufs (1).

75. On ne porte pas deux melons d'eau sous la même aisselle.

76. Beaucoup de gens ignorent faute d'avoir su entendre.

77. L'homme une fois tombé ne retombe pas (2).

78. On ne trompe pas le renard.

79. Donner aux riches, c'est porter de l'eau à la mer.

80. Il ne faut pas rapporter tout à soi.

81. Nos actions doivent être conformes à nos paroles.

82. La fortune bien acquise subsiste; le bien mal acquis périt et est emporté par le diable.

83. Quiconque veut vivre en paix doit être sourd, aveugle et muet.

84. Quand l'imam s'oublie, l'assemblée perd le respect qui lui est dû.

85. Il ne faut pas faire mystère des choses futiles.

86. Honneurs excessifs, ou humiliations extrêmes.

87. Il est tombé dans la fosse qu'il avait creusée pour les autres.

88. Il ne faut pas faire table nette.

89. Le loup est exposé aux serres de l'aigle.

90. Mesure-toi à ton aune (3).

---

(1) C'est-à-dire, on réussit souvent avec une sage lenteur.
(2) C'est notre dicton, *une fois par terre, il n'y a plus à tomber.*
(3) Litt. *à ton doigt.*

٧٣ قورد قولاغندن طوتبق پك كوچدر

٧٤ عربه ايلن طاوشان طوتلور

٧٥ ايكى قارپوز بر قولتـغه صغـاز

٧٦ دكلمدوكندن چوق ادم هيچ برشیى بلمزو يكلش ايدر

٧٧ بر دفعه دوشن ادم بر دخى دوشمز

٧٨ تلكى الداتـلماز

٧٩ زنكينه مال ويرن دكزه صو كوزر

٨٠ هرشى كسندوسنه چكمهلو

٨١ بزم عمللريمز سوزلريمزه اوياجق

٨٢ حلال مال صابع اولماز ناحق مال تيز صابع اولور شيطان الور

٨٣ راحت استين ادم صاغر كور دلسز اوليجق

٨٤ امام او صورنجه جماعت صچار

٨٥ كدى بر قنى اورتركبى سزينى صغليور

٨٦ يا دولت باشه يا قوسغون لشه

٨٧ غيرلره حاضر ايتدوكى خندغه دوشدى

٨٨ سُفره سپرمه يعنى چوق يه

٨٩ قورد قارتـالدن قورتـلماز

٩٠ سنك پرمغك ايله سنى اولى

91. Il ne faut pas accepter le présent qui déplaît.

92. Ne jugeons pas des autres d'après nous-mêmes.

93. Tu ressembles à un nègre abyssin (1).

94. Ne te jette pas dans le feu pour éviter la fumée.

95. Rien sans peine.

96. C'est une affaire qui sent la cire (2).

97. Miel dans la bouche, fiel dans le cœur.

98. Bien fou est le riche qui vit comme un pauvre.

99. Qui se tourne vers deux kibléh n'a point de foi (3).

100. Qui a recours à Dieu n'est pas privé (d'aide).

101. L'ame est la compagne de l'ame (4).

102. Tout ce que tu donnes, tu l'emporteras avec toi.

103. Tends la main aux malheureux, Dieu ne t'abandonnera pas.

104. Tu moissonneras ce que tu auras semé.

105. Ce que Dieu écrivit sur ton front t'arrivera.

106. Chacun ignore ses propres défauts.

107. Qui s'éloigne de la feinte s'approche de la divinité.

108. Fuis les méchants et prends exemple des bons.

109. Avec du temps et de la paille les abricots mûrissent.

110. On prend plus de mouches avec un rayon de miel

---

(1) C'est-à-dire, tu es toujours le même.

(2) C'est-à-dire, c'est une affaire importante et dont la conclusion exigera beaucoup de veilles.

(3) C'est-à-dire, qui suit les rites de deux religions différentes n'appartient à aucune.

(4) C'est-à-dire, l'homme doit secourir son semblable.

٩١ استهد وكی پشكش قبول اولماز

٩٢ هپسنی بزجیله مز بلمهلوایز

٩٣ سن دايها بر سياه حبشی كبی سن

٩٤ دوتندن قورتلمق ايچون اتش ايچينه دوشه

٩٥ زورسز برشی اولماز

٩٦ بوايش چوق مومدن قوقار

٩٧ طتلو سوزی يوركنك اود

٩٨ دلی در اولكه زنكيندر و لكن فقرا كبی كچنور

٩٩ ايكی قبله يه طاپنك دين اولماز

١٠٠ الله دييين محروم قالماز

١٠١ جان جانك يولداشی در

١٠٢ هرنه ويررسن الك ايله اول كلور سنكه

١٠٣ دوشمشلرك النی طوت رتی الكدن سنی طوتر

١٠٤ نه اكرسن انی بيچرسن

١٠٥ الله دن باشه يازلمش كله جك

١٠٦ هركندو عيبنی بلمز

١٠٧ مدارادن اوزاق اولان اللهدن يقيندر

١٠٨ يارامزلر ايله يار اوله ايولردن عبرت ال

١٠٩ زمان ايله و صهانيله مشمشلر ايرشرلر

١١٠ سركه فوچيندن بال دامله سيلن دخی چوق سنك طوتلور

qu'avec un tonneau de vinaigre.

111. Qui donne aux pauvres donne à Dieu.

112. Le temps fait vendre tout, jusqu'à la (plus vile) paille.

113. L'ingrat ne mérite pas d'être compté parmi les hommes.

114. Rejeter une faute sur autrui, c'est commettre le péché d'Ève.

115. Les embarras portent conseil.

116. Qui mange peu profite beaucoup; qui mange trop se nuit.

117. Le fou tient son cœur sur sa langue, le sage tient sa langue dans son cœur.

118. Tout événement qui fait pleurer est accompagné d'un événement qui fait rire.

119. Notre ami est celui qui nous dirige et nous conseille bien.

120. Le plus sûr moyen de vivre en paix consiste à réprimer ses passions.

121. Fais du bien à qui te nuit, tu seras aimé de Dieu et de ton ennemi lui-même.

122. Le discours, c'est l'homme.

123. Bon vin et femme jolie sont deux agréables poisons.

124. Ne désire et ne demande pas l'impossible.

125. La mort est la consolation du pauvre.

126. Nous mourons comme nous avons vécu.

127. Qui trop embrasse mal étreint.

128. Qui trop entreprend finit peu.

۱۱۱ فقرالره ویرن اللهه ویرر

۱۱۲ زمان صهان صاتار

۱۱۳ ایولك بلمین ادم ادم یرینه صایلماز

۱۱۴ صوچینی برئیر بسنك اوزرینه آتهق حوانك كوناهیدر

۱۱۵ صقلتلر اوكتلر

۱۱۶ آز یسین چوق یر چوق یسین آز یر

۱۱۷ دلینك یورکی اغزنك در و عاقلك دلی یورکنك در

۱۱۸ هراعلامه نك كوله سی واردر

۱۱۹ بزی ایوبوله كتورن و اوكت ویرن اوكك بیوك دوستمزدر

۱۲۰ راحتله كچنك ایچون فنا طبیعتلربنی ضبط اتبه سنی اك
کرچك یولدر

۱۲۱ سكا ضرار ایدنه ایولك ایله اوبله هم اوهم الله سنی سور

۱۲۲ دل ادمی بیان ایدر

۱۲۳ بر ایو شراب و بردلبر عورت ایكی طتلو زهردر

۱۲۴ مهكن سزا اولان شیلری ارامه واررولنه

۱۲۵ فقیرلرك تسلّی اولدر

۱۲۶ نه اصل كه یاشار سق اوبله اولورز

۱۲۷ چوق قوجقلیان آز دوشرر

۱۲۸ چوغه تألیف اولان آز بریسه یتسور

129. La langue tue plus de gens que l'épée.

130. Le désœuvrement est le père des soucis.

131. La célébrité ne s'acquiert pas sur un lit de plume.

132. Ton ennemi est parti pour Brousse (1).

133. La terre est de fer, et le ciel d'airain (2).

134. Il faut s'accommoder au temps.

135. Fais du bien et jette-le à la mer; si les poissons l'ignorent, Dieu le saura.

136. Ce n'est pas ce que projette la créature, mais ce que veut le créateur, qui arrive.

137. Quand la flèche de la destinée a été lancée, ce n'est pas le bouclier de la prudence qui garantit de ses coups.

138. Assieds-toi de travers, mais parle juste *(rectè)*.

139. Si tu es heureux, le bonheur te viendra du fond de l'Iémen; si tu ne l'es pas, il t'échappera du bord de tes lèvres.

140. Tous les jours ne sont pas jours de fête, si ce n'est pour les fous.

141. Si tu te présentes les mains vides, on te dira: L'effendi dort; si tu viens avec un présent, on te dira : Effendi, daignez entrer.

142. Le naturel qu'on suce avec le lait ne s'en va qu'avec la vie.

---

(1) C'est-à-dire, tu te tourmentes inutilement.
(2) C'est-à-dire, rien ne réussit.

۱۲۹ دل قلیجدن چوق اولدرر

۱۳۰ ایشسزلك كوجلرك باباسیدر

۱۳۱ عزیز علم یوموشق دوشکله یاتماز

۱۳۲ حصهك بورسایه كتندی

۱۳۳ یر دمیر كوك بقر

۱۳۴ زمانه اوبیق کرك

۱۳۵ ایولك ایله دکزه براق بالق بلمزسه خالق بلور

۱۳۶ قول دیدیکی اولماز الله دیدیکی اولور

۱۳۷ چون تیر قضا کمان قدردن اتلور سپر حذر ایله دفع اولنماز

۱۳۸ اکری اوتور دوغرو سویله

۱۳۹ نصیبك و ارایسه كلور یهندن نصیبك یوقیسه دوشر دهدن

۱۴۰ هركون بیرام دکل مکر دلی یه

۱۴۱ تهی دست قپویه وارسن افندی اوبور دیرلر الكك بُر

بخشش وار ایسه افندم کل بیور دیرلر

۱۴۲ سود ایله کیرن خوی جان ایله چقار

143. Point de roses sans épines ni d'amours sans jalousie.

144. La patience est la clef de la joie.

145. Avec de vieux coton on ne fait pas de toile neuve, ni avec de mauvais fer de bonnes épées.

146. Le trait lancé ne revient pas.

147. Mille cavaliers ne sauraient dépouiller un homme nu.

148. L'œuf d'aujourd'hui vaut mieux que la poule de demain.

149. Tiens pour un éléphant ton ennemi, ne fût-il pas plus gros qu'une fourmi.

150. C'est degré par degré qu'on monte au haut de l'escalier.

151. Bon cheval n'a pas besoin d'éperons.

152. Le négociant trop craintif ne fait pas fortune.

153. La chemise est plus près du corps que l'habit.

154. Après la peine vient le plaisir.

155. Qui n'apprend pas à obéir ne saura jamais commander.

156. Ne verse point de sang, et sois soumis aux lois.

157. En toutes choses c'est le milieu qu'il faut choisir.

158. L'amitié véritable est indépendante des événements.

159. Qui craint Dieu ne craint pas les hommes.

160. La nuit est grosse du lendemain; Dieu sait ce qu'éclairera l'aurore.

161. Les hommes se rencontrent, et non pas les montagnes.

162. Je puis faillir, mais tu dois pardonner.

۱43 گل چنکل سزو محبت انکل سزاولماز

۱44 صبر ایلمك شاذلق انتظاردر

۱45 اسكی پنبوق بز اولماز و ترامز دمیردن قلیج اولماز

۱46 آتـلـن اوق دونمز

۱47 برچپلاق بیك جبهلو صوینماز

۱48 بوکونكی یمورطه یارینكی طاوقدن یکدر

۱49 دشمن قرنجه ایسه فیل کبی ظن

۱5o ایاق ایاق نردبانه چقرلر

۱5۱ یرار آت مهمزه احتیاج یوق

۱5۲ قورقـق بازرکان فایده اتمز

۱53 کو ملك ققتاندن یقین در

۱54 هر عُسُردن صكره بر یُسُر واردر

۱55 حذمت اتمکه اوکرنمین افندیلك دخی اتمز

۱56 قان ایله قانون ایله

۱57 مصلحتلرك خیریسی اورته سی

۱58 حقیقت اوزره اولان دوستلق اوغوره بغلو دکلدر

۱59 تنکری دن قورقن آدمدن قور قماز

۱6o کیجه نك بیوك قارئی وار الله بلور یارین نه طوغرر

۱6۱ طاغ طاغه اولاشمز انسان انسانه اولاشور

۱6۲ خطا بندن عطا سندن

163. Lorsque le destin se déclare, le plus clairvoyant devient aveugle.

164. Ne frappe pas à la porte d'autrui, si tu veux qu'on ne frappe point à la tienne.

165. Mange le fruit, et ne t'inquiète pas de l'arbre.

166. C'est goutte à goutte que se forment les lacs.

167. L'apprenti intelligent surpasse quelquefois son maître.

168. Que peut faire un bœuf vigoureux attelé à une mauvaise charrue ?

169. L'homme probe ne cesse de l'être que lorsqu'il tombe dans la misère (1).

170. Qui touche le premier au but est habile ; qui n'y atteint que le second n'a aucun mérite.

171. Ce n'est pas le consommateur, c'est le producteur, qui connaît la valeur des choses.

172. La femme fait la prospérité ou la ruine d'une maison.

173. Un *tien* vaut mieux que deux *tu l'auras.*

174. La perte est la sœur du gain.

175. Si le présent que je t'ai fait ne t'est point agréable, reprends l'argent qu'il t'a coûté.

176. Vieil ami, vieux bain (2).

177. Est-ce quand le cheval a été volé que tu fermes la porte de l'écurie ?

(1) Misère et loyauté vont rarement de compagnie.

(2) Ce qui veut dire, sans doute, que la fréquentation d'un homme de bien est, au moral, ce qu'un long usage du bain est au physique.

163 قضا گلدکده دیلك دانش كور اولور

164 فقه الـكُ قپوسنه فقهسونلر قپوكا

165 يَـشـكُ يه اغاجك صورما

166 دامله يه دامله يه كول اولور

167 قابلى شاكرد اوسته اولور اوسته دن

168 صاغ اوكوزه چوركُ صپان نه ايلهسون

169 ايودن فناسى اولماز مكر ققبر اوله

170 اِلـكُ اورن اوقمجى در صگره اورن بوقمجى در

171 يبين بلمز طوغريان بلور

172 عورت اوى ياپار عورت اوىَ يقار

173 اورته لق طاوقدن يالكز يومرطه ايودر

174 فايده ضررك قرداشى در

175 بكنمزسن ويرديكى آقچه ٿى كرو آل

176 اسكى يار اسكى حمام

177 ات اوغرلندقدنصگره مى اخورك قپوسنى قپارسن

178. Tu trouves un âne mort, et tu lui arraches les fers.

179. Qui possède un jardin porte une blessure dans son cœur.

180. Le jour passe, la vie s'écoule, et cependant le fou se réjouit de l'approche du jour de fête.

181. Vis avec le riche, éloigne-toi du pauvre (1).

182. Le voleur de miel se lèche les doigts.

183. Le cavalier doit se pourvoir d'un sabre.

184. Dieu seul est infaillible.

185. Point de plaisir sans peine.

186. Peu d'argent, peu de procès.

187. Qui sait beaucoup se trompe souvent.

188. Ne te fie pas aux discours des grands, à la durée du calme sur la mer, à la clarté du jour qui fuit, à la vigueur de ton cheval, ni à la parole des femmes.

189. Avant d'en avoir reçu l'ordre de sa mère, une fille ne doit point enlever les plats de dessus la table.

190. Qui pleure pour tout le monde finit par perdre les yeux.

191. Rien de plus inutile que les conseils à un fou et le savon à un nègre (pour se blanchir la peau).

192. Prends l'étoffe d'après la lisière, et la fille d'après la mère.

_____

(1) C'est-à-dire (d'après l'un des préjugés superstitieux qui ont tant de force sur l'esprit des Orientaux), crains l'influence funeste que peut exercer sur toi la présence d'un être malheureux.

۱۷۸ اولمش اشك بولدك نالی چقارمق استرسن

۱۷۹ هر کیمك باشی وار یورکنده داغی وار

۱۸۰ کون کچهر عُمر دوکنور دلی سونور که بیرام کلور

۱۸۱ دولتلویه دوقن کچ فقرادن صاقن کچ

۱۸۲ بال طوتن پارمغن یالار

۱۸۳ آت بننك قلیج قوشانك

۱۸۴ یكلیان برالله

۱۸۵ زحمتسز بال ینمز

۱۸۶ ازاجك اقچه م غوغاسز باشم

۱۸۷ چوق بلن چوق یكلور

۱۸۸ بكلره انانه مویه طاینه کچ کونه انانه عورت سوزینه الدانه اتنك یورکنه طاینه

۱۸۹ قز اناسدن کورمینجه سُفرای دوشرامز

۱۹۰ اِل ایچون آغلیان کوزسز قالور

۱۹۱ قره یه صابون دلی یه اوکت نه ایلهسون

۱۹۲ کناره کور بزین آل اناسن کور قزین آل

193. Le pêcheur doit s'habituer à l'eau trouble.

194. Ne considère ni l'extérieur du cheval ni sa robe, mais ses qualités.

195. On vient quand on veut, on s'en va quand on peut.

196. On s'instruit plus par la conversation que par la lecture.

197. Si tu te trouves dans le chariot de quelqu'un, chante sa romance (1).

198. Le mal tourne à mal.

199. Donnez accès à Aly, il ne tardera pas à salir vos meubles.

200. L'orphelin coupe lui-même son nombril (2).

201. Mieux vaut ami que parent.

202. L'amoureux est aveugle.

203. L'honneur d'un homme dépend de lui.

204. Les égards et l'amitié doivent être réciproques.

205. A force de chercher, on trouve l'orifice de la marmite.

206. Les hommes ne s'intéressent à nous qu'autant que nous nous intéressons à eux.

207. La poule du voisin nous paraît une oie.

208. Qui n'a pas éprouvé la peine ignore le prix du plaisir.

(1) On sait que les mots français *roman* et *romance* viennent du nom de l'une des langues que parlaient anciennement nos aïeux. Par un motif semblable, les Ottomans appellent aujourd'hui *turkiat* leurs pièces écrites en langue turke proprement dite, et *turki* leurs chansons.

(2) C'est-à-dire, se suffit à lui-même.

193 بالق آولیانك كوتی صوده كرك

194 آته بقه دونه بقه ایچنك كی جانه باق

195 كلمك ارادت كتمك اجازت

196 قونشمق اوقو مقدن ایودر

197 كیمك عربه سنك بولنور سك انك تركی سنی چاغر

198 حرام حرامه كیدر

199 یوز ویردیلر علی یه كلدی سجدی خالی یه

200 اوكسز اوغلان كوبكی كندو كسر

201 محبت صادق ایودر كشینك اقرباسندن

202 عاشق اولان كوردر

203 كشینك حُرمتی كندو آلنك در

204 حُرمت ومحبت ایكی باشدن اولور

205 چوملك یوارلنك قپاغنی بولدی

206 جان ویرمینجه جان ایله كیرنمز

207 قوشو طاوغی قوشو یه قاز كورنور

208 جفای چكمین آدم صفانك قدرینی بلمز

209. Le menteur, quel est-il ? — C'est celui qui répète tous les oui-dire.
210. Il suffit à un ami d'une simple feuille d'arbre.
211. Que t'importe la qualité du pain d'un autre pays ?
212. Est beau ce qui plaît au cœur.
213. C'est à moi de fuir, à toi de m'atteindre.
214. Point de créature sans défaut, point de péché sans repentir.
215. Mieux vaut être femme qu'homme efféminé.
216. Le Turk (1) peut devenir savant; il ne devient jamais humain.
217. Celui qui entre au bain transpire.
218. Qui rit beaucoup pleure beaucoup.
219. L'art s'acquiert avec peine (2).
220. On peut donner sa tête, mais son secret, jamais.
221. Qui court trop vite reste en chemin.
222. A un homme il faut un homme (3).
223. L'âne blessé (4) se plaint toujours.
224. Le vinaigre trop fort ronge le vase destiné à le contenir.
225. Attache d'abord ton âne, puis tu le recommanderas à Dieu.
226. La nourriture d'abord, les discours après.
227. Ne te fais point d'ennemis sans motif.

(1) C'est-à-dire, le grossier nomade.
(2) Litt. *sous le bâton.*
(3) C'est-à-dire, l'homme de cœur recherche l'homme de cœur.
(4) C'est-à-dire, l'homme sans caractère.

209 يلانجي كيمدر ايشتدیكنی سویلیندر

210 دوسته بر يشيل يپراق

211 فلان يرڭ صمونی بيوك ايش سڭا نه

212 كوڭل كمی سورسه كوزل او در

213 قاچمق بندن طوتمق سندن

214 قول خطاسز اولماز خطا توبه سز اولماز

215 مؤنث اردن عورت ايودر

216 تُرڭ دانشمند اولور ادم اولماز

217 حمامه كيرن ترلر

218 چوق كولن چوق اغلر

219 صناعت چوپ آلتنك در

220 سری ويرمك اولور سری عيان ايلمك اولماز

221 عجله ايلن يوروبن يولڭ قالور

222 آدم آدمه كرك در

223 ياروبلو اشك پك چاغرر

224 سَرْت سركه كندی قابنه ضرر ايدر

225 اشككی اول بعله صكره تكری يه اصمرله

226 اول طعام صكره كلام

227 سببسز كیمسه‌ی دوشمن ايدنمه

uu

228. Qui visite trop ses amis, s'expose à trouver grise mine.

229. Qui peut savoir ce qui se passe dans l'obscurité ?

230. On n'attrape pas le cheval avec un sac vide.

231. La Providence construit le nid des oiseaux étrangers.

232. On guérit des coups de couteau, on ne guérit pas des coups de langue.

233. Sois brigand, sois voleur, mais ne cesse pas d'être juste (1).

234. A l'ambassadeur nul dommage.

235. Qui fait trouve.

236. Il arrache la crinière au lion mort.

237. L'homme de mérite se connaît en mérite.

238. On voit (avec plaisir) la figure d'un ami et les pieds d'un adversaire (qui fuit).

239. L'influence d'un mauvais voisin se fait sentir jusqu'au septième quartier de la ville.

240. Ici-bas rien d'inouï.

241. Grandeurs entraînent soucis.

242. Mille larmes ne paient pas une dette.

243. Quel que soit le dernier venu, c'est lui qui doit fermer la porte (2).

---

(1) On sait que, chez les peuples de l'Orient, les mots de *voleur* et de *brigand* n'excluent pas entièrement l'idée d'une certaine justice. C'est dans ce sens que le mot grec κλέπτης, ou, suivant la prononciation moderne, κλέφτης, a été traduit dernièrement par *guerrier*, *partisan*, *guérillas*, etc.

(2) C'est-à-dire, qui doit répondre de tout. Les Italiens ont aussi ce proverbe, mais ils lui donnent un tout autre sens.

228 دوسته چوق واران اکشی صورت کورر

229 قراکولقلك كوز قپادوغنده كيم بلور

230 بوش توربه ايله آت طوتلماز

231 غريب قوشك يوا سنى تكرى ياپار

232 بچاق يارهسى اوكلور دل يارهسى اوكلمز

233 اوغرى اول حرامى اول انصاف آلدن قومه

234 ايلچيه زوال يوق

235 ايدن بولور

236 اولمش ارسلانك صقالن يولار

237 كاملى كامل بلور

238 دوسته باشه دشمنه اياغه بقارلر

239 يارامز قوڭشونك يدى محلّهيدك ضرارى وار

240 ايشدلمش خبر اولماز جهانله

241 بيوك باشك بيوك اغريسى وار

242 بيك تاسه بر بورج اودهمز

243 صكره كلن كيم ايسه قپويى اول قپار

244. Quand on perd la tête, les pieds perdent leur aplomb.

245. Le bon cheval donne du cœur au cavalier.

246. Il ne faut point sortir de la route tracée.

247. A bœuf bien portant mauvaise paille n'est point nuisible.

248. Le bât ne pèse point à l'âne.

249. Ecoute mille fois, ne parle qu'une seule.

250. Le doigt légalement coupé ne fait point de mal.

251. Chacun se plaît dans ses penchants.

252. Le loup change de poil et ne change point de naturel.

253. La face du mendiant est noire, mais souvent sa besace est pleine.

254. Le coup d'œil du maître vaut pour le cheval un pansement.

255. Les cérémonies peuvent être bonnes en enfer.

256. Il ne faut point mépriser un ennemi, quelque faible qu'il puisse être.

257. Repentir tardif ne sert à rien.

258. *Hodie mihi, cras tibi.*

259. Ne profère pas toute sorte de paroles, car la terre a des oreilles.

260. Il y a moins de choses visibles que d'invisibles.

261. Le voleur qui ne se laisse pas surprendre passe pour le plus honnête des hommes.

262. Si tu es amoureux, cours les montagnes.

263. Celui-là est véritablement homme qui ne fausse pas sa parole.

244 باش كيدنجه آياق پايدار اولماز

245 يوركي آت يبين آرترر

246 عربه يولندن چقمه

247 صاغ اوكوزنه چوزك صمان صرار اتمز

248 اشكه سمري يوك دكل

249 يكك ايشت بر سويله

250 شريعة كسدوكي پارمق اغرماز

251 هر كشي به كندو خوى خوش كلور

252 قورد توينى دكشدرر خوى دكشدرمز

253 دلنجينك يوزى قره توربه سى طولو در

254 افندينك نظرى آته تيمار در

255 تكليف جهنم اولور

256 خصمدن صاقن قارنجه ايسه ده

257 صوك پشمانلق فايك اتمز

258 بوكون بكا ايسه يارن سكادر

259 هر سوز سويله كه يرك قولاغى وار

260 كورندن كورنمز چوق

261 طونلليان اوغرى بكدن طوغرى

262 عشقك وارايسه طاغلره دوش

263 آدم اولد٠كه اقرارندن دونمه

264. C'est à force de se tromper que l'homme devient habile.

265. Quels sont les plus jolis oiseaux? demandait-on à la corneille. — Ce sont mes petits, répondit-elle.

266. Il y a du mérite à arracher un poil au sanglier.

267. N'attache pas l'âne à la place du cheval.

268. Ne te mets entre l'ongle et la chair.

269. L'industrie des pères doit être l'héritage des enfans.

270. Qui n'écoute point les conseils de ses parens est indigne d'en avoir.

271. Une étincelle embrase (quelquefois) le lieu où elle tombe.

272. Celui qui mange seul son pain est seul à porter son fardeau.

273. Bouche qui parle ne reste pas affamée.

274. La poule qui a faim trouve d'elle-même l'orge dans le grenier.

275. Le ventre se rassasie, et non les yeux.

276. Lève-toi le matin et couche-toi le soir (1).

277. Le prix de l'or, c'est le changeur qui le connaît.

278. Informe-toi de l'or au changeur, et des bijoux au joaillier.

279. Celui qui ne connaît point le prix du pain et du sel, est plus méprisable qu'un chien.

280. Qui croît vite meurt vite.

(1) C'est-à-dire fais chaque chose en son temps.

264 آدم يكلمق ايله معرفتلو اولور

265 قوزغونه كوزل كيدر ديبشلر بنم يادرولرم ديمش

266 طوكزدن قل قوپارمق هنربو

267 آت يرينه اسك بغلمه

268 ات ايله طرنق اراسنه كيرمه

269 اثالر صناعتى اوغلانه ميراثدر

270 آتالر سوزينى طوتميانه ييانه آتالر

271 آتش دوشدوكى يرى ياقار

272 اكمكى يالكز ييبن يوكن كندو قالدرر

273 آجق آغز آج قالماز

274 آج طاوق كنديسى ارپه انبارده كورر

275 آجك قارنى طويار كوزى طويباز

276 اخشام ايسه يات صباح ايسه كيت

277 التون قيمتن صرّاف بلور

278 التونى صرّافه جوهرى قويمجيه صور

279 توز اكمك بلمين اِث دن كوتو در

280 تيز بتن تيز يتر

281. Qui enfourche un cheval d'emprunt ne le monte pas long-temps.

282. Sois doux envèrs celui qui te parle avec douceur.

283. La bonté fait sortir les serpents de terre (1).

284. La patience procure le salut; la précipitation est suivie de l'infortune.

285. Le chien qu'on traîne par force ne chasse pas.

286. L'ennemi est mauvais juge de son ennemi.

287. Le sang ne se lave pas avec du sang, mais avec de l'eau.

288. On forge le fer tandis qu'il est chaud.

289. C'est aujourd'hui jeûne, dit le chat en voyant du foie auquel il ne peut atteindre.

290. Ce qui n'est pas nécessaire un jour peut l'être un autre.

291. On ne vend pas le poisson qui est encore dans la mer.

292. Il faut savoir être casanier au logis, et voyageur en route.

293. Celui qui se lève en colère se couche avec dommage.

294. Ne parle pas de pierres au fou.

295. Plus j'aime mon ami, plus je m'informe de son état.

296. La chaussure n'est jamais exempte de boue (2).

297. Ne regarde pas à la blancheur du turban; le savon fut pris à crédit.

(1) Ceci fait probablement allusion à quelque superstition orientale.

(2) C'est-à-dire, les êtres vils et bas font toujours des bassesses.

281 عاريتى آت بنن تيز اينر

282 طتلوبه طتلو سويله

283 طتلو دل يردن يلانى چقارر

284 صبر سلامة ايومك ملاعنة

285 كوجله كيدن كوپك آو آولامز

286 دشمن دشمنك حالندن بلمز

287 قانى قانله ييقامازلر قانى صو ايله ييقارلو

288 دمير تاونك ياپلور

289 كدى جگرى كوروب يتشمز سه بوكون اروج در ديور

290 كركى كركمز ايكن بركون كزك اولور

291 در يادهكى بالق صاتلماز

292 اوجى اوده يولجى يولك كزك

293 اوكه ايله قالقان زيان ايله اوتورر

294 دلى به طاش اكدرمه

295 نه سورم ياريبى نه صوررم حالنى

296 پاشمق بالجق سز اولماز

297 صارنگك اغاردو غنه بقه صبونى ويره سيه در

298. Ne redoute pas l'accident dont on te menace pour le lendemain.

299. La violence gâte les jeux.

300. Ne t'associe pas avec plus puissant que toi.

301. Il ne faut pas chasser sur les brisées du loup.

302. Mieux vaut renard vivant que lion mort.

303. L'eau dort, l'ennemi ne dort pas.

304. Ici des vaisseaux ont été submergés; qu'y viens-tu faire avec ta fragile nacelle ?

305. Le char n'avance pas sans que l'on graisse ses roues.

306. Le miel est une chose, mais le prix du miel en est une autre.

307. On s'inquiète souvent de choses qui finissent par avoir de bons résultats.

308. Le riche ne doit pas se plaindre des droits de péage.

309. La sagesse n'est pas dans le nombre des années, mais dans la tête.

310. Au voyageur il faut du chemin (1).

311. Il y a un chemin du cœur au cœur.

312. Rien de mieux que ceci : je n'en sais rien, je n'ai rien vu.

313. Les soupirs de l'infortuné ne profitent à personne.

314. Il faut des chardons au chameau; c'est pour les avoir qu'il allonge le cou.

315. Les paroles amères nuisent à celui qui les a dites.

316. Il ne faut pas remuer les vieilles pailles.

(1) C'est-à-dire, la chose la plus nécessaire au voyageur, c'est le moyen de continuer sa route.

298 ارته یه قالان قضادن قورقمه

299 زور اویونی بوزار

300 سندن دولتلو اولان ایله اورتاق اولا

301 قورد محلّه سنك او اولماز

302 یانان ارسلاندن کزن تلکی یکدر

303 صو اوبور دشمن اویوماز

304 بونك کهیلر بوغلور سن صندالیله نره یه کیدر سن

305 عربه یاغلمینجه یورومز

306 بالك بر بهاسیك بر

307 قورقولو دوشن صوڭكی خیر اولور

308 یوك باجدن اغلماز

309 عقل یاشك دکل باشك در

310 یولجییه یول کرك

311 یورکدن یورکه یول وار

312 اندن ایوسی یوقدر نه بلورم نه کوردم

313 کمسه نك آهی کمسه یه قالماز

314 دوه یه دکن کرك آلنجه بویننی اوزادر

315 خام سوز صاحبینك در

316 اسکی صمانلری قارشدر ما

317. Qui apprend à jouer d'un instrument à quatre-vingts ans se fera entendre au jour du jugement dernier.

318. La fourmi agit selon ses forces.

319. Tant que le monde durera, les paroles des grands ne tomberont point à terre.

320. A force d'aller on arrive.

321. Il y a des paroles qui ressemblent à des confitures salées.

322. On nomme amoureux celui qui, en courant sur la neige, ne laisse point de traces de ses pas.

323. Il fait le dévot et ne mange pas d'ognons (en public); mais s'il lui en tombe dans les mains, il n'en laisse pas même la pelure.

324. Qui connaît le chemin ne se fatigue pas.

325. Quelle idée peut se former de la faim l'homme qui jouit de tout en abondance?

326. De trois choses l'une : du pouvoir, de l'or, ou quitter la ville.

327. Le flambeau n'éclaire pas sa base.

328. La mort est un chameau noir qui s'agenouille devant toutes les portes.

329. Lorsque le cheval d'un Kurde a foulé la terre, l'herbe cesse d'y croître.

330. N'accepte aucun présent, car on te le redemandera, soit aux jours de noce, soit aux jours de fête.

331. Lorsque tu visites un aveugle, ferme les yeux.

317 سکسنك ساز اوکرنن مقيامتله چالار

318 قارنجه قدرنجه

319 اولولرك سوزى يره دوشمز دنيا طورة لو

320 واررق واررق بولنور اراق

321 توزلو حلوايه بكزر

322 عاشق اكا دير لرکه قاردہ يوريوب ايزى بللتمـــــك كركدر

323 صوفى در صوفان ييزاله كيرسه قبوغين دہ قوماز

324 يولى ايو بلكٰ يورلمز

325 طوق نه بلور اجك حالندں

326 يا زور يا زر ياشهردن سفر

327 چرا ديبينه صيا ويرمز

328 اولم قرہ دوہ در که هر قپودہ چوکر

329 کردك آتى بر چايردہ آياق بصدوغى زمان اوت بتمز

330 هديّه بورجلو اولما يا دوکنك استرلر يا يرامك

331 کور يانه وارنجه سنك کوزکي قاپه

332. Bagdad n'est pas loin pour un amant (1).

333. Les chiens se moquent du loup qui vieillit.

334. L'homme par trop prudent finit par se blesser l'œil contre une poutre.

335. L'homme ruiné aime celui qui lui ressemble.

336. Tout accident est une leçon.

337. La fin ordinaire du renard est la boutique du pelletier.

338. La dépense de l'avare et celle du prodigue sont, en dernier résultat, les mêmes.

339. Sois ami dans le monde, et ne sois à charge à personne (2).

340. Les uns rient, les autres pleurent.

341. Quelquefois le vaisseau s'incline, mais la route n'en est pas moins droite.

342. Ne passe pas sur le pont du méchant; souffre plutôt que le torrent t'entraîne.

343. Nos distractions sont utiles à nos ennemis.

344. Le cœur est un enfant; il espère ce qu'il désire.

345. La main qui donne est au-dessus de celle qui reçoit (3).

346. Le chameau s'agenouille avec les chameaux.

347. Le petit grandira, le fou pourra devenir sage.

---

(1) C'est-à-dire, rien n'est difficile à l'amour.

(2) C'est-à-dire, si tu veux avoir des amis, ne sois à charge à personne. Les Italiens disent : *Chi vuole amici assai, ne provi pochi*.

(3) On dit en arabe vulgaire: اليد العلية خير من السفلة

332 عاشقه بغداد اوزاق دكل

333 قورد قوجه‌ينجه كوپكك مسحره‌سی اولور

334 صاقتك كوزه چوپ دوشر

335 يقلن يقلنی سور

336 هر زبان بر فند

337 تلكينك عاقبت كله‌جكی كوركجينك دكانيدر

338 ناكس ايله جو مردك خرجی بردر

339 جهانلك يار اول بار اولما

340 كيبينه های های كيبينه وای وای

341 اكری كمی طوغرو سفر

342 كچه نامرد كوپريسندن قوپارسون صو سنی

343 غافل باش دشمنه يراشور

344 كوكل معصومدر كوردكنی اومار

345 ويرن ال الانك اوستنده در

346 دوه دوه يربنه چوكر

347 كوچك بيور دلی اوصلنور

348. Tu frappes le tambour de travers.

349. Nul ne profite de ce que le destin réserve à un autre.

350. L'auteur n'écrit rien qui lui soit contraire.

351. Bien que la langue n'ait point d'os, elle les brise.

352. C'est dans l'occasion que l'homme brave se fait connaître.

353. On couvre de mets délicats la table de l'imam... Que t'importe ?

354. Le désintéressement est un bouclier contre les fautes.

355. Celui-là est véritablement aveugle qui tombe deux fois dans la même fosse.

356. Toute qualité est accompagnée d'un défaut.

357. Tout arbre a son ombre.

358. Toute chose a sa fin.

348 صولنه داول چالارسن

349 كيسنه‌نڭ ناصبنى كيمسه يمز

350 ياز يجى كندينه كم يازماز

351 دلڭ كمكى يوقدر اما كمكى قرار

352 ايكيت ميدانڭ بللو اولور

353 امام اوينه باقلاوا كتمش ايسه سڭا نه

354 قربان خطايه قالقان اولور

355 كور اولدركه دوشدوكى قيويه بر دخى دوشر

356 هر كمالڭ بر زوالى واردر

357 هر اغاجڭ كولكه سى وار

358 هر شيڭ صوڭى وار

تم

مرساى ترساننده موجود التى قطعه سفينه تجهيز وترتيب وعلى
العجله معيته تسريب اولديغندنبشقه اولكون وبار طرفلرندن
دخى اوتوز قطعه قدر سفاين تنظيم وآقدكز محافظه سنه
تعيين ايله صدكزند حصم لئيم قيلنمق اوزره اقتضا ايدن
مبالغى مباشرته تسليم ولازم كلان اوامرى اسكندريه متصرفنه
خطابا تر قيم اولندى لاحقه عن اصل فوز وظفر ومجارى
امور بشر باز بسته احكام قدر اولوب خايص غبار امور عظام
اولنلره اسند قصور حيز انتصا فدن دور در نعم پر ورده دول
اولانلرك اكثر يسى امور دولتلرينى بر وفق مرام نبشتيه قيام
ايله تحصيل نيك نام قيذنك اولدقلر اكثر احيان نمايسان
ايكن مراتب ساميه دولته نايل اولنلر من طريق الاولى بو
مسلكه اقتفا ايله زمانلرنك سبب شين وعار وباعث سقوط
اعتبار اولهجق مكاره اموردن اجتناب ايك كلدكلرى
مهربان احوال روزكاره بديد ار در

تم

بولهجغی سفینه‌یی غصب ایلمك وارداتِ خاطردن اولمغله
ازمیردن بش قطعه تجار سفینه سی اشترا اولنوب ازمیره اون
ایکی میل بعدی اولان سنجاق بورنی ثغرنه باطردیلوب
قلعه مذکوره یه دخی مهما امكن متانت ویرلدیكندن بشقه
مقدما اعانت ایچون تجهیز اولنان قراوللر دخی بولندقلری
محللرده توقیف اولنمق ایچون سد البحر محا فظی
اولان صدر سابق علی پاشایه مخصوص امر عالی اصـدار
وسواحلك ودریاده بولنان تجاره دخی بو كیفیث اخطـار
اولنوپ طوفان محاربه سكون بولنجیه دك اولد قلـری
محللرده اقامت وعدم حركتـلری تأكیـد وقلاع وئـعـور
مستحفظلرینه تیقظ اوزره بولنهلری امرنك تشدید اولنـدی
اطراف واكنافك انسدادی معلوم جمع اعادی اولدیغنـه
بنا ایصال صردرن نومیدو سفینه لرینی قیون اطـه سـی
الطرافنك تعمیر عقبنك نابدید اولدیلر بو قضیهٔ عبرتنمـون كافهٔ
مسلمینی محزون و با خصوص شهریار غیرتشعار حضر تلرینی
مبتلای قلق واختلاج درون ایلیوب اخذ ثار اسلام وتأییـد
شریعت فخر انام صهننك دركاه خالق بی انبازه رفع اكف
نیاز ایلدیلر قپودان پاشانك بوحالت مدهشه تقصیراتنـه
محمول وفی الحال معزول اولوب امرا دربادن جعفـر بكه
میرمیرانلق احسان ودریابه قپودان نصبیله كامران قلینـوب

ضبط كردهٔ اسلام اوله‌جغنی جزم ایله مبتلای اندوه واسف
اولملریله راكب اولدقلری سفینه‌یی احراق وبقضاء الله
تعالی سفینهٔ مذكوره قپودانه همایونهٔ التصاق ایدوب افتراق
ممكن اولمدیغندن ایكیسی بردن سوزان وجزایرلی حسن
بك هزار محنتیله تخلیص جان ایلدی بوندن صكره دوننهای
همایون چشمه لیماننه دخولی و اعدا دخی اومحلّه ومسلول
وتكرار جنگه ابتدار وقوارع طوپیله روی در یابی موازی كورهٔ
نار ایلدیلر دریا محاربه سنك اعدا یلكن اوزرنك ایكن لیمانه
تحصن موجب مخاطره ومهلكه ایكن قپودان پاشانك لیمانه
دخولی ظواهر حاله نظر اقضایی دعوت قبیلندن اولسوب
شویله‌كه دفع صایل صورتنك مشار ایله محاربه یه مشغول
ایكن اعدا نفط وسایر اجزای ناریه ایله مملو بر قاچ قایق
اشعال ودوننه‌یه ایصال ایلیوب یكدیكره مجاورت ایله
امانت قصدنك اولان سفاینك جمله سی ماه مزبورك اون
دوردنجی جمعه ایرته سی كیجه سی محترق و در ونبنله
اولان عساكر بلا محاربه ازمیر وسایر سواحله متفرق وقپودان
پاشا وجزایرلی حسن بك زخمدار وپطرونه قپودانی علی
قپودان ایله دیكر بر نفر قپودان شناور دریای مغفرت
حضرت افرید كار اولدیلر اوحوالی عسكردن خالی قالدیغنه
بناء دشمن ازمیر كور فزنه دخول اتمك و روی در یساده

اعدا و لیمانه وغول واقتحاملرینه علت اقوای اولوب ند حال
ایسه مقابله وحین مقاتلـه ده خصمكـ اوچ انبـارلی بـر
سفینه سی صدمات طوپ رعد اشوبدن متزلزل واجزا سـی
متخاخل اولعلله در عقب غریق کرداب فنا واخشامدن صكره
ذكر اولنان دشمن سفینهلری ارام ایله میوب دریا وسـیع
الارجانك بر سمتنه سكان خبیتی ارخا ایلدیلر اعدانك
محیتی سببیله قپودان پاشا انابولی لیماندن بادبان عزیمتـه
کشاد ویروب بنکشه برونـنه طوغرو عزیمت ایلدكله دشمـن
ایله تکرار اغاز جنكـ و وفا وعدم مساعلت روزکار ایله کیـرو
قلان سفینهلره ساقز لیماننك التقا وتکمیل لوازم ایله بالاتـفاق
لیماندن چیقوب قصد اعدا ایتمشلر ایدی دشمن ساقـز
جزیره سی وراسنك نمایان و دوننهای همایونه ایراث زیان
ایله جکی قپودان پاشایه بیان اولندقك قیون المهلـری
الطرافدن مهمات جنکی اماده درونزه عزیمتی سوی اعدایـه
کشاده ایلدکلرنك ناکاه اعدا کمیلری بدیدار اولوب نـار
پرشرار قتال مرّة بعد اخری التهاب ولهیب مهیب جدال
اشتعال بولدیغی خلالك نرة دیو قاف مصاف اولان جزایرلی
حسن بك که او اثناده قپودانه راکب ایدی دشمن دینك
قپودانه سنه مقارنت و ایکی طرفدن جنکه مباشرت اولـنوب
اعداده مجال مقابله واحتمال مقاتلـه بر طرفی و سفینـه لری

احتراق دوننما وعزل قپودان دريا

بالاده تفصيل وبيان اولديغی وجه اوزره اعدای دينك
سفاينی بحر سفيدده كشت وكذار وجزاير وسواحل اسلاميه‌يه
ايصال خسار ايلديكی٠ تواتر باب اشتهار اولديغنه بناء دفع
مكيدت دشمن قصد يله يكرمی قطعه‌دن متجاوز سفاينك
لزوماتی٠ تيز الدن تنظيم وقپو دان دريا اولان حسـام
الدين پاشا معيتنه ويريلوب محافظهٔ اطراف خصوصی
طرفنه كركی كبی تفهيم اولنمشيدی مشار اليه بر وقت نحس
مستمرّده آستانه‌دن حركت وكليبوليك اكمال لوازم جـدال
صورتنك مكث واقامتدن صكره بر قاچ قطعه سفينه ايله مـوره
طرفلرينه عزيمت وسفاين باقيه‌یی دخی اقتـصـا ايـدن
محلّلرك محافظه‌سنه تعيين ايله جزم و احطياطه رعايـت
ايتمشيدی مبوب ايدن هوا خلاف مطلوب اولديغنـدن
حركته مجال محال اولوب بر مدّتدن صكره باد موافق وزان
وسفن باقيه محال مقصوده جريان ايدوب قپودان پـاشـا
دخی موره صولرينه واصل وسفاين اعدا ايله متقابل اولوب
ی آلحال اشعال نايرهٔ جنك وقتال ز در عقب انابـولی
ليمانه دخول ايله بو طرفه افادهٔ حال ايتمشيدی مشار اليهك
دشمن كميلرندن نحنی و ليمانه دخولی موجب جسارت

TRADUCTION

DU MORCEAU PRÉCÉDENT.

———————•◦◦•———————

D'après le bruit qui s'était répandu (ainsi qu'il a été expliqué plus haut) que les vaisseaux ennemis venaient de pénétrer dans la mer Blanche (2), et qu'ils portaient le ravage dans les îles et sur les côtes de l'islamisme, on s'empressa, pour repousser leur agression, de disposer tout ce qui était nécessaire à l'armement de plus de vingt vaisseaux.

Le commandement de cette flotte fut confié à l'amiral Hassam-eddin pacha. On lui prescrivit, par ses instructions, de se borner à la défense des points menacés. Ce fut dans un temps de mauvais augure que le capitan-pacha quitta Constantinople. Il relâcha d'abord à Gallipoli pour compléter son armement; et, après s'y être arrêté quelque temps, suivi de quelques vaisseaux, il se

(1) Ce morceau, extrait des *Annales de l'empire ottoman*, contient le récit de la fameuse bataille de Tchechméh. La traduction et les notes qui l'accompagnent sont dues à M. Bianchi.

(2) La Méditerranée.

dirigea vers les parages de la Morée. En se déterminant
à laisser le reste des bâtiments pour la garde des lieux où
leur présence était nécessaire, il fit à la fois preuve de vigilance et de précaution. Les vents contraires empêchèrent
d'abord ces bâtiments de continuer leur route; mais, lorsque enfin le temps devint plus favorable, ils firent force
de voiles pour se rendre à leur destination. De son côté,
le capitan-pacha arriva dans les eaux de la Morée, et se
trouva en présence de la flotte ennemie. Aussitôt les
feux de la guerre furent allumés. L'amiral entra sans
délai dans le port de Napoli de Romanie, et informa le
gouvernement de sa position. La détermination qu'il prit
d'éviter les vaisseaux ennemis et d'entrer dans le port
donna de l'audace à ces derniers, et devint l'une des principales causes de leur entrée et de leur attaque dans ce
même port; mais qu'importe la cause? L'engagement
eut lieu. Pendant le combat, un vaisseau ennemi à trois
ponts, d'abord ébranlé et fortement endommagé dans
ses agrès par le feu de l'artillerie, dont le fracas ressem-
blait à celui du tonnerre, finit par couler bas. Depuis le
soir, les vaisseaux ennemis ne se donnèrent point de relâ-
che; mais enfin ils gagnèrent la haute mer et disparurent.

L'absence de l'ennemi ayant permis au capitan-pacha
de mettre à la voile et de sortir du port de Napoli, il
cingla directement vers le cap Benefché (1).

Il allait commencer un nouveau combat avec l'ennemi, lorsque le défaut de vents favorables l'obligea de
mouiller dans le port de Chio, et de se réunir aux bâtimens restés en arrière. Après s'être approvisionné, dans
le port, des choses qui lui étaient nécessaires, il sortit,

(1) Le cap Saint-Ange, anciennement le promontoire Malée,
situé à l'extrémité méridionale de la Morée.

de concert avec les vaisseaux susdits, pour aller à la recherche des ennemis qui venaient de se montrer sur les
derrières de l'île. On fit des représentations au capitan-
pacha sur le mal que leur présence pouvait causer à la
flotte impériale; mais cet amiral, après avoir fait les dispositions militaires convenables dans les parages de
Couïoun-ada (1), marchait déjà à la rencontre des infidè-
les, lorsque les vaisseaux de ces derniers y parurent
tout-à-coup.

En peu d'instants, les feux étincelants du combat furent
allumés; dans l'ardeur et l'embrasement épouvantable de
cette action, et au milieu des flammes qui s'élevaient
comme le démon de la montagne de Caf (2), Djezaïrlu-
Hassan-beg, qui montait la capitane (3), s'approcha du
vaisseau amiral ennemi. Le combat s'engagea de part
et d'autre; mais l'ennemi, d'un côté, ne pouvant plus
soutenir l'attaque, et, de l'autre, désespéré de voir son
vaisseau sur le point de tomber au pouvoir des Musulmans, y mit lui-même le feu. Il arriva, par la volonté du
Très-Haut, que la capitane se trouvant auprès de ce vaisseau, et n'ayant pu s'en séparer, les deux bâtiments devinrent en même temps la proie des flammes. Ce ne fût
qu'avec des peines infinies que Djezaïrlu-Hassan-beg par-
vint à se sauver.

Après cet événement, la flotte impériale entra dans
le port de Tchechméh (4), où l'ennemi étant venu là

(1) Les îles du Mouton ou Spalmadore, situées à l'entrée du
canal que forment l'île de Chio et le continent d'Asie.

(2) Montagne imaginaire.

(3) Le vaisseau amiral turk.

(4) *Tchechméh* est un mot persan dont la signification est
source, fontaine. Dans l'antiquité, le nom de ce port était Lyssus,

joindre, le combat recommença. Bientôt, par le feu de l'artillerie, la mer ne présenta plus qu'une surface embrasée. L'ennemi étant sous voile pendant cette bataille navale, il y avait autant d'imprudence que de danger à se retrancher dans le port. On ne peut donc, d'après les apparences, attribuer qu'à l'entraînement de la destinée, la détermination que prit le capitan-pacha d'y entrer. Cependant, au milieu des efforts que faisait cet amiral pour repousser l'attaque, l'ennemi ayant lancé vers la flotte plusieurs bateaux remplis de bitume et autres matières inflammables auxquelles on avait mis le feu, les navires (ottomans), qui, pour se secourir mutuellement, s'étaient rapprochés les uns des autres, devinrent la proie des flammes, dans la nuit du samedi 14 du mois susdit (1).

Les troupes qui montaient ces vaisseaux se dispersèrent, sans combattre, dans Smyrne et sur les autres points de la côte.

Le capitan-pacha et Djezaïrlu-Hassan-beg furent blessés : mais le commandant de la patrone, Ali, ainsi qu'un autre officier supérieur, périrent en cherchant à se sauver à la nage.

Les côtes étant dégarnies de troupes, il était à craindre que l'ennemi ne pénétrât dans le golfe de Smyrne, et ne s'emparât des bâtiments qui pourraient se trouver en mer. On acheta dans ce port cinq navires marchands que l'on

et il était déjà célèbre par la victoire que remportèrent les Romains sur la flotte d'Antiochus, l'an 191 avant J. C. *Tit. Liv. XXXVI, cap.* 44.

(1) L'auteur a oublié d'indiquer ce mois; il faut donc faire coïncider cette date avec celle de la nuit du 7 au 8 juillet 1770; ce qui donne le 14 de rebi-ul-ewel de l'année de l'hégire 1184.

fit couler dans la passe de Sandjaq-bournu [le cap du Drapeau], distante de douze milles de Smyrne, et l'on fit fortifier , autant que possible, le château. Un ordre suprême fut particulièrement envoyé à Ali-pacha, ancien grand-vizir, chargé de la garde des détroits, afin que les caravelles (1) qui, antérieurement, avaient été préparées pour donner du secours, restassent dans les lieux où elles se trouvaient. On notifia également ces dispositions aux (capitaines des) bâtiments marchands qui étaient sur la côte ou en mer, afin que, restant dans les lieux où ils étaient, ils s'abstinssent de tout mouvement, jusqu'à ce que cette crise fît passée. On enjoignit aux gouverneurs des places fortes et des frontières de tenir la main à l'exécution de ces dispositions, et de redoubler de vigilance. Les ennemis, apprenant que, sur tous les points, les passages leur étaient fermés, perdirent dès-lors tout espoir d'occasionner du dommage, et disparurent après avoir réparé leurs vaisseaux dans les îles de Couïoun-ada.

Cet événement, fait pour servir d'exemple (2), affligea

(1) Ce mot, qui dérive du grec χαράβι, *vaisseau*, également employé par les Portugais, indique ici les bâtiments de guerre de haut bord dont les Turks se servaient jusqu'à la bataille de Tchechméh. Ce ne fut qu'après cette désastreuse journée qu'ils adoptèrent, sous la direction des constructeurs français, la forme actuelle de leurs vaisseaux.

(2) J'ai pensé que le lecteur pourrait être bien aise de comparer cette relation avec une de celles qui parurent dans le temps. La brièveté, l'impartialité et l'exactitude de celle qui suit, m'ont déterminé à lui donner la préférence.

Extrait *d'une Lettre écrite de Malte* , le *29 juillet* 1770.

« Deux capitaines anglais qui ont quitté Chio depuis quatorze « jours viennent d'arriver ici, et ont rapporté que, le 8 de ce « mois, la flotte ottomane était venue mouiller dans le canal et la vivement la totalité des Musulmans ; mais Sa Hautesse en fut particulièrement pénétrée de la plus vive douleur. Elle éleva ses mains suppliantes vers le trône du Créateur suprême, pour le prier de venger l'islamisme, et d'accorder une nouvelle force à la loi de celui qui est la gloire des hommes.

Ce déplorable état de choses fut attribué aux fautes du capitan-pacha, qu'on déposa de suite. Djafer-beg, l'un des officiers de mer, ayant été d'abord gratifié du titre de *beglerbeg*, fut nommé capitan-pacha. On mit immédiatement sous ses ordres six vaisseaux qui avaient été armés et préparés dans l'arsenal impérial. Trente autres navires furent disposés et armés à Dulcigno et à Antivari, pour croiser dans la mer Blanche. Enfin on remit à des commissaires ou *mubachir* les sommes des-

« rade de Libourno. L'amiral Spiritow, voulant profiter de cette
« occasion de l'attaquer, fit ranger la sienne sur trois lignes, dont
« la première fut commandée par lui; la seconde, formant le cen-
« tre, par le comte Alexis Orlow, et la troisième, par le contre-
« amiral Ephinson. L'amiral Spiritow sortit de la ligne pour atta-
« quer le vaisseau du capitan-pacha, et le battit de si près, que
« pendant le combat, les soldats et matelots russes arrachèrent le
« pavillon turk, qu'ils présentèrent déchiré à leur amiral. Son équi-
« page jeta en même temps une si grande quantité de grenades
« et d'artifices à bord du vaisseau ennemi, que le feu prit dans
« ses agrès ; mais bientôt il se communiqua aux voiles même du
« bâtiment russe, qui, se trouvant trop engagé pour pouvoir se
« retirer, sauta en l'air une demi-heure après. Il ne s'est sauvé que
« vingt-quatre hommes, du nombre desquels sont l'amiral, son
« fils, et le comte Théodore Orlow. Ce vaisseau, qui portait
« quatre-vingt-dix canons de fonte, avait 500,000 roubles [2,500,
« 000 fr.]. Le vaisseau du capitan-pacha a eu le même sort une
« demi-heure après l'explosion du premier. La flotte ottomane était
« composée de trente voiles, parmi lesquelles étaient quinze vais-

tinées à réparer les dommages causés par l'ennemi ; des
ordres furent en outre expédiés au gouverneur d'Alexan-
drie, pour le même objet.

Il faut convenir d'une vérité ; c'est que la victoire et
les succès, de même que le cours ordinaire des choses
humaines, étant liés aux décrets de la destinée, il est
contre toute justice d'attribuer la non-réussite des événements à ceux qui sont chargés d'affaires importantes et
périlleuses. La plupart des hommes qui jouissent des bienfaits de la fortune et des faveurs des gouvernemens doivent s'appliquer à diriger convenablement les affaires de
leurs ministères, par suite de l'obligation où ils se trouvent
d'acquérir ou de conserver une bonne réputation ; mais

« seaux de ligne. Celle des Russes était de neuf vaisseaux de guerre,
« de deux frégates, et de deux transports. La confusion et l'épou-
« vante furent si grandes parmi les Turks, qu'ils coupèrent sur-le-
« champ leurs câbles pour entrer dans le port de Tchechmèh, le
« même soir. Le lendemain, ils employèrent la journée à dresser
« des batteries pour se fortifier à terre, et les Russes l'employèrent
« à préparer quatre brûlots qui furent achevés à minuit, et que
« l'amiral Spiritow fit partir avec quatre vaisseaux de guerre. La
« première bombe artificielle qu'ils jetèrent, tomba sur une cara-
« velle turque qu'elle enflamma, et qui, se trouvant sous le vent
« de la flotte ottomane, communiqua l'incendie aux bâtimens qui
« la composaient. Le vaisseau de Djafer-beg, de soixante-dix ca-
« nons, cinq demi-gabares, plusieurs chaloupes et canots, furent
« seuls préservés des flammes ; mais ils tombèrent ensuite au pou-
« voir des Russes. Djafer-beg, une partie de son équipage, et plu-
« sieurs hommes des autres bâtiments incendiés, se sont sauvés à
« terre. Le lendemain, les Russes recueillirent les esclaves chré-
« tiens. Le contre-amiral Elphinson a pris, avec sa division, la
« route de Ténédos, pour s'opposer à l'entrée des bâtiments qui
« essaieraient de porter des vivres à Constantinople par le canal
« des Dardanelles. »

si, au lieu d'atteindre ce but, ceux qui parviennent aux postes élevés de l'État ne trouvent que honte, opprobre et déconsidération, ils doivent naturellement éprouver de l'éloignement pour les soucis attachés aux affaires. Cette vérité est incontestable aux yeux des personnes qui ont l'expérience des choses humaines.

هو

بتوفيق الله تعالى قره حصار شرقيدن سرحد وآنه ورانجـه
يول اوزرنده واقع قصالرك نوابى افنديلر زيد علمهم و قدوة
الامائل و الاقران متسلمون ديوده كان و ضابطان و سـائـره
زيد قدرهم و جمله قرا اختيارلرى و سوز صاحبلر انها اولنورك
دانومارق تـجـار لرنـدن دآنيل نام تجّار بيـع وشـرا وداد
و سند صمننده ايران طرفنه توجه و عزيمت ايدوپ بيـن
التجّار مرئى الخاطر اولق ملابسهسيله تـفنكجيـدن اوطـه
باشيـرة ترفيقًا صوب مقصده راهى اولملربله سزكه بـروجـه
بالا مخاطبون مومى اليهم سز تجّار مرقوم هر قـنـعـيتـمـزك
قضاشّه و قريهسنه نزول ايدرايسه سالم مهمان نوازيه رعية
ايدرك قربًا وامنًا وسالـمًا بربرکرة ايصال و ايساله غيرة و دقة
و تخالف واعذاردن مجانبت ايلمكز ايچون ديوان ارصروم
طرابزون و جانيك محتلى و قره حصار شرقيدن ايـشـبـو
بيورلدى تحرير واصدار و
ايله ارسال اولنهشدر ان شا الله تعالى وصولنده بر موجـب
بيورلدى عمل وحركت و خلافدن تحاشى و مبـاعـدت
ايلیـمـسز فى اا م سـنـه ٢٢١ ٭

روسچقدن رأس حدودﻩ وارنجﻪ اثنای راﻩدﻩ واقع قضالرك
اعيانلری سعادتوداد و اعزلرم اغوات محترمون حضراتــی
فرانﭽﻪ دولتی طرفندن در عليﻪبﻪ ورود و بودفعﻪ پارسﻪ إعـادﻩ
اولنان بك زادﻩ ايكی نفر خذمتكار ايلﻪ و معيتينﻪ ترفيـــق
اولنان دولت تاتار ايلﻪ هر قنتيكز قضاكزﻩ واصل اولورايســــﻪ
حقندﻩ لازم كلان مراعات مهماننوازی يﻪ مبادرت و امـــور
مزيتنﻪ دايـر خصوصاتنﻪ برأ امنًا وسالمًا رأس حدودﻩ ارسـال
و اسيال و قولاغوز معيتينﻪ هر حالدﻩ مزاعات اولنمق بابنــدﻩ
طرفنزﻩ حطابًا صادر اولان مكتوب صدارتپناﻣی موجبنجــﻪ
ايشبو رقيﻪٔ مخالصانﻪ تحرير قلندی بهنّﻪ الوصول بر وجﻪ محرر
حركتكز مأمول محبانﻪ مزدر فی ٢٩ ل سنــﻪ ٢٢١ ٭

مفاخر القضاة والحكّام معادن الفضايل والكلام در سعادتبدن
بلغراد طريقيله رأس حدوده وارنجه يـول اوزرنـده واقـع
قصالرك قضاة ونوابى زيد فضلهم و مفاخر الامائل و الاقران
اعيان و ضابطان دايش ارلرى زبد قدرهم توقيـع رفيـع
همايون واصل اوليجق معلوم اولاكه فرانچه پادشا هنـك در
سعادتهده مقيم مرخص ييوك ايلچيسى قدوة الامراء الملّـة
المسيحيه جنرال كلمينو ختمت عواقبه بالخيرك سده سعادته
تقديم ايلديكى بر قطعه مهور تقريرنده فرانچه سفارتـى
بكزاده لوندن رُوبر نام بكزاده بر نفر اوجاق تاتارى و بر نفر
مستأمن خذمتكار ايله بو دفعه در سعادتهدن بلغراد طريقيلـه
رأس حدوده عزيمت اوزره اولديغندن بعثله بكزاده مرسـوم
بر نفر اوجاق تاتارى و بر نفر مستأمن خدمتكار ايلـه در
سعادتهدن بلغراد طريقيله رأس حدوده وارنجه اثنـاى راهـده
كندويه واثواب و طوارلرينه و اقتضا ايدن زاد و زواده سـن
اقچه سيله الماسنه مانعت وخلافى عهدنامه همايون جزيـه
و اخر بهانه ايله رنجيده و رسيده اولنمبيوب بر موجب عهـد
نامه همايون حمايت وصيانت اولنمق بابنده امر شريفـم
صدوربنى استدعا اتبكدن ناشى وجه مشروح اوزره عمـل

اولنهق فرمانم اولغین ایدی سز که قضاة و نواب و سایر
موی الیهم سز بکزاده موسوم بر نفر اوجاق تاتاری و بر نفر
ستامن خذمتکاریله در علیهمدن بلغراد طریقیله رأس
حدوده اورنجه حوال رهده کندویه وانواب و طوارلربنه و
اقتضا ایدن زاد و زواده سن اقچه سیله المسنه ممانعت
و خلاف عهدنامه همایون جزیه و آخر بهانه یله رنجیده
و رمیده اولنمیوب بر موجب عهدنامه همایون حمایت
و صیانت اولنهق بابنده فرمان عالیشانم صادر اولمش
بیوردمکه حکم شریفمله وصول بولدقده بو بابده وجه مشروح
اوزره شریفیاقتنه صدور اولان فرمان واجب الاتباع و لازم
الامتثالک مضمون الطاعتمقرون یله عمل اولهسز شویله بلهسز
علامت شریفه اعتماد قیله سز تحریراً فی اواسط شهر
جمازی الاخره سنه ستة و اربعین و مایتین و الف

TRADUCTION DU BOUIOURLDI.

Pl. n° 4.

———

DIEU !

Par la grace du Très-Haut, magistrats des lieux de juridiction situés sur la route de Cara-Hissar l'orientale, jusqu'à la frontière de Van (que leur savoir augmente), modèles des grands et de leurs égaux, gouverneurs, commandants et autres officiers (que leur pouvoir s'accroisse), personnes respectables par leur âge et ayant droit d'émettre un avis; ce qui (vous) est exposé, est que :

Un négociant danois, nommé Daniel (1), se rendant en Perse dans le but de vendre et d'acheter amicalement et paisiblement, et voyageant vers le but de sa destination, accompagné de l'un des capitaines de nos fusiliers afin d'être traité avec des égards particuliers (et d'être distingué) parmi les marchands, vous, personnages ci-dessus désignés, quels que soient les lieux dépendants de votre juridiction où ce voyageur descende, ayant égard aux devoirs qu'impose l'hospitalité, vous aurez soin de l'acheminer et de le faire parvenir des uns aux autres d'entre vous, sans vous permettre aucune opposition ni aucune excuse.

C'est pourquoi le présent ordre, émané de la chancellerie d'Erzeroum de Trébizonde, du Djanik et de Cara-

---

(1) Cette pièce me fut donnée en 1806 par Youssuf pacha pour me faciliter les moyens de traverser l'Arménie. A cette époque, il entrait dans la politique du gouvernement turk de ne permettre à aucun Français d'y voyager autrement qu'incognito.

Hissar, a été écrit et expédié par l'intermédiaire de

S'il plaît à Dieu, lors de la réception de cet ordre, vous agirez et vous vous conduirez en conséquence; prenant bien garde d'y contrevenir.

Le 11 du mois de moharrem 1221.
(Mars 1806.)

———————◆———————

TRADUCTION DU BOUIOURLDI.

.Magistrats des lieux de juridiction situés sur la route de Roustchouk à la frontière, mes fortunés, glorieux aïans et respectables aghas ;

Conformément aux dispositions d'une lettre vizirielle qui nous a été adressée, un officier venant de la part du gouvernement français auprès de la sublime Porte, retournant maintenant à Paris, accompagné de deux domestiques et d'un tartare de la Porte, quel que soit le lieu dépendant de notre juridiction où il arrive, vous devez avoir pour lui les.égards qui lui sont dus, vous empresser d'accomplir (envers lui) les obligations qu'impose l'hospitalité, lui faciliter les moyens d'achever son voyage par terre en toute sûreté jusqu'à la frontière, le faire accompagner d'un guide, enfin, en prendre le plus grand soin. C'est pourquoi la présente lettre a été écrite. Nous espérons qu'à sa réception vous agirez en conséquence (1).

Le 29 du mois de schawal an 1221.
(Janvier 1807.)

(1) L'original de cette pièce porte la signature et le cachet du fameux Mustapha Beïractar.

TRADUCTION DU FIRMAN.

Pl. n° 6.

Aux plus glorieux d'entre les cadis et les magistrats, mines de vertus et d'éloquence, juges et administrateurs des lieux situés sur la route depuis ma sublime Porte jusqu'à la frontière, en passant par Belgrade (que leurs vertus s'accroissent); aux plus glorieux d'entre les grands et d'entre leurs égaux, gouverneurs, commandants et autres officiers (1) (que leur pouvoir augmente); lorsque le présent ordre auguste vous sera parvenu, sachez que:

Le modèle des grands parmi ceux qui professent la religion du Messie, ambassadeur extraordinaire et ministre plénipotentiaire résidant auprès de ma sublime Porte, le général Guilleminot (que sa fin soit heureuse), par une note revêtue d'un sceau, qu'il a fait remettre à ma sublime Porte, a représenté qu'un officier de l'ambassade française, nommé Jaubert, étant dans le cas de se diriger vers la frontière par la voie de Belgrade, accompagné d'un tartare de la Porte et d'un domestique de confiance, il désirait l'émanation d'un ordre suprême à l'effet que le susdit officier, accompagné comme il vient d'être dit, trouvât sur sa route, depuis ma Porte de félicité jusqu'à la frontière, en passant par Belgrade, sûreté et protection, conformément aux capitulations impériales, et n'éprouvât, sous prétexte d'exigence de tribut, ni sous aucun autre, contrairement aux dites capitulations, aucun trouble, molestation ni empêchement, soit

---

(1) *Litt.* hommes d'affaires; mais en Turquie cette dénomination s'applique surtout aux hommes d'épée.

en sa personne, soit en ce qui concerne ses bagages et ses montures, et qu'il lui fût loisible de se procurer, pour son argent, les vivres et provisions qui lui seraient nécessaires.

Ma volonté étant qu'il soit fait ainsi, vous donc qui êtes les juges, magistrats et autres ci-dessus désignés,

Pour que le susdit officier, accompagné d'un tartare de la Porte et d'un domestique de confiance, trouve sur sa route depuis ma sublime Porte jusqu'à la frontière, en passant par Belgrade, tant pour sa personne que pour ses bagages et ses montures, sûreté et protection, conformément aux capitulations impériales; qu'il ne lui soit apporté aucun trouble, molestation ni empêchement, sous prétexte d'exigence de tribut ni sous aucun autre, ce qui serait contraire aux dites capitulations, et qu'il puisse, pour son argent, se procurer les vivres et provisions qui lui seraient nécessaires, mon ordre suprême est émané.

J'ordonne que lors de sa réception, vous agissiez sur ce point en conséquence de ce noble firman, auquel sont dus respect, obéissance et soumission. Sachez-le ainsi, et ajoutez foi à mon noble signe (1).

Écrit dans le milieu du mois de djoumadi'l akhar, l'an mil deux cent quarante-six (Décembre 1830.).

(1) Il s'agit ici du *toura*, sorte de chiffre de monogramme contenant le nom du sultan, et qu'on place ordinairement en tête des firmans.

EXTRAIT DU MI'RADJ.

(Page 12, *verso*, ligne 2 du manuscrit de la Bibliothèque du Roi.)

Pl. n°10.

———————

Sorti de là (du cinquième ciel), je vis un kiosk, et dans une des salles de ce kiosk, un personnage revêtu d'une robe longue. Auprès de lui étaient plusieurs esclaves. Je dis : Quel est ce personnage ? Gabriel répondit : C'est le prophète Moïse, sur qui soit le salut. Je m'avançai vers lui et lui donnai le *sélam ;* Moïse me l'ayant rendu, me dit : O Mohammed, sois le bienvenu; tu as apporté (1) la joie. Gabriel ajouta : Viens, et montons plus haut.

(1) Voyez le n° 191, page 186 de la Grammaire.

———————

EXTRAIT DU TEZKERE'Ï EVLIA [1].

(Page 37, ligne 12 du manuscrit de la Bibliothèque du Roi.)

Pl. n° 7.

Nous avons donc fait un abrégé de ce livre, parce qu'abréger les paroles (qu'il contient) est une œuvre méritoire; et (en effet) l'auteur de cette composition a eu pour objet (l'accomplissement de) diverses choses avantageuses : premièrement, de condescendre au désir de plusieurs d'entre ses amis qui éprouvaient le besoin de (posséder) un recueil des paroles des saints personnages; en second lieu, de laisser une sorte de *mémorial* : car si les personnes qui liront cet écrit conservent de nous un bon souvenir et nous bénissent, il pourra se faire qu'en considération des prières de quelque fidèle croyant, le Très-Haut nous couvre de sa miséricorde et nous accorde le pardon de nos fautes.

(1) Il eût été plus correct, sans doute, d'écrire *Tezkeret-ul-Evlia,* mais nous avons cru devoir nous conformer à l'orthographe du manuscrit tartare.

aaa

EXTRAIT DU TEZKERE'I EVLIA.

(Page 39, ligne 10.)

Pl. n° 8.

—————

D'après la collection qui a été faite des paroles conte-
nues dans ce livre, s'y conformer est une nécessité indispensable. Il n'existe point au monde d'ouvrage meilleur
que celui-ci, puisqu'il explique la signification des paroles
du Coran. Cet ouvrage rend vertueux les hommes sans
courage, guérit les malades, leur impose l'obligation de
se guérir ici-bas, et leur fait considérer leurs devoirs dans
le chemin de la vérité comme des maux (à guérir). Celui
qui comprendra le sens de ce livre acceptera ses peines
avec cent actions de graces; s'il les accepte, il en trouvera, au moyen de l'assistance divine, le remède, et,
par le puissant effet de cette résignation, il parviendra
au rang des saints.

————

TABLE

DES MATIÈRES.

———

SECONDE PARTIE.

TABLE DES MATIÈRES.

TABLE DES MATIÈRES.

TABLE DES MATIÈRES.

FIN DE LA TABLE.

TYPOGRAPHIE DE FIRMIN DIDOT FRÈRES,

IMPRIMEURS DE L'INSTITUT DE FRANCE,

RUE JACOB, N° 24.

Alp

چ ح خ د ذ

ض ط ظ ع

وقد أجزت له

والله الموفق لكل خير.

كتبه الفقير إلى الله تعالى ...
... بخطه ...

Boniouroufdi

مفخر الفقة عدلکع معلی ... زرفضین ومن

حمیده دعینده لوفمق بننا فرع صا ...

... لمنفقذ نده د

دصوله بعوفق بوربین بح ...

Extrait du Tezkiré i Evlia

Transcription Turke.

بو کتابنڭ سوزلری جمع قیلوب ایلنڭ بیله عمل قیلمق واجبلوده دورور ینه دنیاده

بو کتابده یخشرق کتاب بولماز ایلنڭ اوچوه بو کتاب سوزلری قرآن سوزلویده معنی دیرور

ینه بو کتاب سوزلری نامرد لری مرد قیلور مرضلوینی شفا مرض قیلور ینه شفا مرضلرینی عالمده

فرض قیلور فرضلرینی حقّ یولنده عاینی دره قیلور ینه هر کیم بو کتاب سوزلرینی بیلدی اڭا یوز عزت

بیله دردی قبول قیلور ینه دردی قبول قیلسه تڭری تعالی‌نیڭ عنایتی بیله درماه طاپر ینه بو

Pl. 10

Extrait du Mi'radj.

Texte en caractères Guïgous.

PL: II

Transcription Turke.

وردیم آیدوق یاخچی خوش كلدرلق صفار كلدردلق هایر خبرلر كلا آیدوق یوكلك یوقاریم اشغبر

هونوركیشی آردی بو موسی پیغمبردردردر علیه السلام من واروب سلام بریم موسی سلار بریغن

آلدم انشوبر بت كیشك كوردم خلاق كوپ آردی جن ایملم بت نه كیشك دردردر طابر

بر كیشك كوردم اور كوشلاه اوره سینماه بت كیشكی كوردم اورل كوشلاه دردردر طابر

یوبی كیشكی كوردم

CPSIA information can be obtained at www.ICGtesting.com
Printed in the USA
BVOW11s1800030314

346526BV00008B/674/P